경희대학교 아프리카연구센터
총서 16

마다가스카르의 민담

김기국, 박동호, 윤재학
편역

I

도서출판 아딘크라

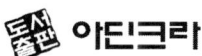

김기국 교수는 프랑스 파리 소르본느 대학에서 문학박사 학위를 받았으며, 현재 경희대학교 프랑스어 학과 교수로 재직하고 있다.

박동호 교수는 캐나다 몬트리올 퀘벡 대학에서 언어학박사 학위를 받았으며, 경희대학교 한국어학과 교수로 재직하고 있다.

윤재학 교수는 미국 오하이오 주립대학교에서 언어학박사 학위를 취득하고, 현재 경희대학교 글로벌커뮤니케이션 학부 교수로 재직하고 있다.

※ 이 논문 또는 저서는 2021년 대한민국 교육부와 한국연구재단의 지원을 받아 수행된 연구임(NRF-2021S1A5C2A02086919)

역자 서문

마다가스카르는 주변의 에티오피아, 소말리아, 우간다, 케냐, 르완다, 부룬디, 탄자니아, 잠비아와 모잠비크, 말라위와 함께 동부 아프리카에 위치한다. 세계에서 4번째로 큰 섬나라인 마다가스카르가 위치한 아프리카 동부는 세계에서 인구 증가율이 가장 높은 지역 중 한 곳으로 현재 아프리카 대륙에서 가장 가난한 지역이기도 하다. 약 2,500여만 명의 인구가 대부분 농업에 종사하고 있다. 특히 전 세계 바닐라 생산의 80%를 차지하는 것에서 유추할 수 있듯이, 이들은 생존형 농부로 삶을 영위하고 있으며 가뭄이나 기근과 같은 자연재해에 커다란 영향을 받는 상태에 놓여 있다.

흑인이 다수를 차지하는 아프리카의 다른 나라와 다르게 마다가스카르 주민의 대다수는 오스트로네시아어족의 언어를 쓰는 말레이계의 후손이다. 따라서 언어와 생활풍습 등 여러 면에서 동남아시아 국가인 인도네시아, 말레이시아, 필리핀 등의 국가와 유사한 특성을 보인다. 마다가스카르의 선주민이 아프리카 대륙 본토의 흑인이 아니라 약 기원후 300년에서 800년 사이에 인도네시아의 보르네오섬에서 이주해 온 말레이 계통의 사람들인 것을 보면 이러한 인구 구성을 이해할 수 있다. 말레이계와 함께 메리나족이 26%로 두 번째로 많으며, 그 뒤로 베티미사라카족, 베틸레우족, 투미헤티족 등이 마다가스카르의 인구를 구성한다.

이 책은 마다가스카르섬 전역에 퍼져있는 다양한 부족의 민담을 번역한 것이다. 기억으로 후세에게 전달되는 민담의 특성으로 인해 이들 부족의 이야기는 그

유사성은 물론 반복적으로 등장하는 캐릭터와 구조를 갖는다. 집안의 여러 형제가 신부를 찾아 떠나는 여행담이나 식구 많은 집에서 막내를 질투하는 형제 또는 자매들의 이야기 등이 있는가 하면, 부모나 형제들에게 버림받은 아이가 동물의 도움으로 부자가 되어 집으로 귀향하거나 7의 숫자가 강조되는 뱀과 싸우는 모험담 등이 공통으로 전해지는 민담의 내용이다. 아울러 자식이 없는 부부가 아이를 얻는 과정이나 결혼하러 가는 아가씨와 하녀의 뒤바뀐 운명 등의 이야기도 자주 나온다.

이처럼 유사한 내용과 주제, 반복되는 동물의 등장은 서구 열강에 의해서 강제적으로 국경이 구획된 아프리카 대륙과는 달리 어느 정도 독립되고 고립된 공간인 마다가스카르가 갖는 지역적 특성 때문이기도 하다. 경희대학교 아프리카연구센터에서 발간하는 『마다가스카르의 민담』을 통해서 마다가스카르의 민담을 접하는 독자들이 서구 열강에 의해 구획된 인위적 단위로서의 국가가 아니라 자연적이고 전통적인 부족의 울타리에서 공유되는 마다가스카르인들의 삶과 생활의 단편을 경험해보기를 기대해 보겠다. 아울러 이 책이 추후 마다가스카르의 전설과 신화, 설화와 민담이 어떻게 아프리카 대륙과의 차별성을 보여주는가에 대한 미래의 연구 및 이해에 도움이 되기를 기대한다.

목차

라마농가바토 ································· 3
일곱 형제 ································· 10
이마하이타나와 치마티암바바니 ················ 16
라자토보와 라노네라 ························ 25
파라마옹가볼라 ···························· 31
뿔 없는 소 ································ 34
중부 지역의 족장 ·························· 43
베소롱골라 ································ 47
파랄라이 ································· 61
꼬리를 가진 형제들 ························ 71
노파와 겁이 많은 괴물 ····················· 75
일곱 개의 머리를 가진 뱀 ·················· 78
임바하트릴라 ······························ 81
안드리아노니베 왕과 아이를 낳지 못한 왕비 ··· 84
라지니라히와 카카 ························· 90
청소부와 신 ······························· 93
코토켈리 ································· 95
랑갈람포나 ······························· 97
앙기디켈리 ······························· 99
키리디 ·································· 102
세 마리의 소를 가진 남자와 세 명의 아내를 가진 남자 ··· 104
두 형제와 자나하리 ······················· 111
영악한 남자와 용감한 남자 ················ 114
불행을 바라지 말 것 ······················ 118
부끄러움보다는 죽음을 선택하라 ············ 121
이볼라마이소 ···························· 125

두 명의 안드리암바호아카 ································ 129
아이를 가지려 했던 왕 ····································· 134
탐볼로 ··· 140
북쪽의 왕과 남쪽의 왕 ····································· 146
북쪽의 왕 ··· 151
자나하리 신의 딸 ·· 153
라타올란도하미볼라나 ······································ 155
물의 딸 ··· 161
안드리아나 ··· 164
자식이 없었던 부부 ·· 169
네 명의 자매 ··· 173
세 자매 ··· 175
물에서 나온 소 ·· 178
치실라 ··· 180
라송곰포디시아이아이(수컷 붉은 참새의 집) ········· 185
여덟 형제 ··· 193
세 형제 ··· 196
라나라에와 라나바비 ·· 206
파라말레미와 코토베키보 ································ 209
키모베와 파라말레미 ·· 213
트리모베와 소히티카 ·· 216
안다모하미 ··· 220
라소안드라노볼라와 라소안드라노망가 ········· 227
칼로와 파라바비 ·· 231
안드리아마마킴포에트라 ·································· 232
소아미리리오로나 ·· 238
라소아노로망가와 텔로보하로고시 ················ 241
소아파라 ··· 245
이해할 수 없는 도주 ·· 250

/ 경희대학교 아프리카연구센터 총서 16 /

마다가스카르의 민담 Ⅰ

라마농가바토

… 타나라 부족 민담, 파라팡가나 지역

　마을에 세 명의 형제가 살고 있었다. 형제 중에서 막내는 바위를 들어 올린다는 뜻의 '라마농가바토'라는 이름으로 불렸다. 어느 날, '라노나마이소아이소'라고 불리는 아름다운 소녀가 형제 앞에 나타났다. 세 형제는 모두 그녀를 아내로 맞이하기를 원했다. 사실 소녀는 신비롭고 위험한 땅 밑에 있는 나라를 다스리는 족장의 딸이었다. 소녀의 아버지는 집안의 남자들을 모두 죽여 그 머리로 벽을 만든 포악한 족장이었다.

　하지만 이들 형제는 족장을 두려워하지 않았고 위험을 감수하기로 했다. 그들은 긴 줄을 준비해 땅 밑 나라로 가는 깊고 커다란 구멍으로 늘어뜨렸다. 먼저 큰 형이 줄을 타고 내려갔다. 깊은 구멍의 끝에 이르자 그는 잠시 쉬면서 주변을 둘러보았다. 하지만 주변은 너무 어두워 아무것도 보이지 않았다. 그 어떤 소리도 들리지 않았다. 마치 기괴하고 끔찍한 것이 자신 앞에 펼쳐진 어둠 속에 숨어있는 듯했다. 갑작스럽게 두려움을 느낀 큰 형은 살고 싶어서 재빨리 줄을 잡고 구멍에서 빠져나왔다. 다음으로 둘째 형이 내려갔다. 하지만 그 역시 큰 형처럼 무서워서 곧바로 구멍에서 올라왔다. 마침내 막내의 차례가 되었다.

　"이 줄을 타고 내려가서 무엇이 있는지 내가 보고 올게."

이렇게 형들에게 말한 막내는 줄을 잡고 구멍을 내려가 바닥에 다다랐다. 땅 밑 나라로 가는 구멍 바닥에는 바위가 하나 있었다. 족장의 딸은 목욕할 때 옷을 벗어 그 바위에 올려놓곤 했었다. 아름다운 이 소녀를 아내로 삼기 원했던 남자라면 모두 앉아야 했던 바위에 막내가 앉게 된 것이다. 땅 밑 나라의 사람들은 한 명의 남자가 바위 위에 앉아 있는 것을 보고 소녀에게 가서 말했다.

"공주님! 어떤 남자가 공주님이 목욕하는 곳 근처 바위에 앉아 있어요."

소녀는 하녀를 불러 말했다.

"가서 그의 이름을 물어봐라. 그리고 얼른 도망치라고 말해. 아버지가 만든 끔찍한 벽은 단 한 남자의 목이면 완성되잖니."

하녀는 서둘러 바위 쪽으로 달려가 노래하듯 말했다.

"누가, 누가 이 바위에 앉아 있나요?

우리 예쁜 아가씨 라노나마이소아이소가

즐겨 목욕하며 앉아 쉬던 바위 위에 말이죠.

어서 도망가세요. 부탁이에요.

단 하나의 목만 있으면

족장님의 끔찍한 벽이 완성되니까요."

이 노래를 들은 라마농가바토가 노래로 화답했다.

"바로 나, 바로 나, 바로 나랍니다.

바위를 든 사람이죠.

막내로 태어났지만 가장 힘이 센 바로 나랍니다.

그 누구와도 싸우기를 원치 않지만

걸어오는 싸움은 마다하지 않는 바로 나랍니다."

이 말을 들은 땅 밑 나라의 족장은 병사들에게 그를 죽이라고 명령했다. 창으로 무장한 병사들이 떼를 지어 나섰지만, 감히 라마농가바토에게 다가가지 못하고 멀리서 창을 던지기만 하였다. 하지만 그 어떤 창도 그에게 이르지 못했다. 막내는 근처에 떨어진 창들을 모아 병사들을 향해 던졌다. 수많은 병사가 죽고 다쳤다. 살아남은 병사들은 족장에게로 도망쳐 그들이 상대한 적이 너무 용맹해서 이길 수 없다고 전했다. 겁에 질린 족장은 부하를 보내 막내에게 자신이 싸움에서 졌음을 알렸다. 그리고 자신의 딸을 넘겨줌과 동시에 자신의 가족과 부인, 그리고 모든 땅 밑 나라의 사람들이 막내에게 복종하겠다고 밝혔다. 족장의 명을 받은 부하는 바위 쪽으로 나아가 이렇게 노래하듯 말했다.

"우리, 우리 모두 항복하겠습니다.

우리는 항복하렵니다.

더는 당신과 싸우지 않겠습니다.

당신이 원하는 아름다운 소녀는 이제 당신의 것입니다.

족장과 족장 부인이라는 호칭은 이제 당신들의 것이지요.

땅 밑 나라의 사람들과 이 왕국도 당신 것이랍니다."

바위를 든 사람이라는 뜻을 지닌 이름의 막내가 화답했다.

"다시 말하지만 나는 사람들과 싸우고 싶지 않다오.

오히려 싸움을 시작한 자들이 잘못이라오."

이 말을 들은 부하는 다시 노래했다.

"오세요. 우리의 나라로 당신을 초대합니다.
왕국과 모든 사람이 이제 당신 것이니까요.
당신이 원하는 아름다운 소녀도 말이지요."

용맹한 막내는 땅 밑 나라로 나아갔다. 족장과 모든 사람이 나와 그의 앞에 엎드려 복종하였다. 얼마 후, 라마농가바토는 자신의 아내와 땅 밑 나라의 사람들, 그리고 많은 재물을 가지고 고향으로 향했다. 그는 땅 밑 나라의 사람들을 앞세우고 자신은 맨 뒤에서 그들을 뒤따랐다. 라마농가바토의 두 형은 커다란 구멍 속에서 수많은 사람이 재물을 들고나오자 무슨 일이 생겼는지 궁금해했다. 사람들은 그 형제들에게 자신들이 라마농가바토의 사람임을 밝히고 라마농가바토는 무리 뒤에 있다고 말해주었다. 두 형제는 사람들이 줄을 잡고 커다란 구멍에서 빠져나오는 것을 지켜본 뒤, 맨 마지막에 줄을 타고 올라오는 막내를 발견하자 줄을 끊어버리고 그를 떨어져 죽게 하였다. 형제는 막내의 부인과 재물을 취하고 땅 밑 나라의 사람들을 지배하였다.

바위를 든 이름의 막내가 사라진 이후 슬픔과 죽음의 기운이 모든 것을 덮었다. 소들은 울지 않았고 닭들도 소리 내지 않았다. 그 어떤 새들도 지저귀지 않았고 나뭇잎들이 낙엽이 되어 흩날렸다. 사람들이 모였던 광장은 쓰레기로 덮이고 마을은 사람이 살지 않는 곳인 양 생기가 사라졌다. 막내를 따르던 개는 그가 사라진 커다란 구멍을 지키며 슬프게 짖어대었다. 끙끙대는 개를 보던

'자나하리' 신이 아무도 듣지 못하니 더는 짖지 말라고 개에게 소리치자 개가 이렇게 말했다.

"내 주인이 살아서 돌아올 때까지 계속 짖을 거예요."

자나하리는 자신의 권속을 보내 라마농가바토를 되살아나게 하였다. 용맹한 막내는 생명을 다시 찾자 이렇게 물었다.

"내가 고향으로 돌아갈 때 만나는 사람들이 나를 알아볼 수 없도록 하려면 어떻게 해야 합니까?"

신의 권속이 그에게 대답했다.

"네가 집으로 돌아가는 길에 만나는 사람들이 네가 누구인지를 묻는다면 나는 온통 검은 '베마인티'입니다라고 답하거라."

이 대답을 기억하며 막내는 고향으로 향했다. 가는 길에 덤불을 치우고 있는 사람들을 만나자 막내는 그들에게 먹을 것을 달라고 부탁했다. 그들은 자신이 누구인지를 물었을 때 이렇게 대답했다.

"나는 온통 검은 베마인티, 즉 온통 검은자입니다."

그러자 사람들이 말했다.

"바위를 들어 올릴 정도로 힘이 센 막내가 죽은 후부터 우리는 먹을 것을 아무에게도 주지 않는다오."

그리고 그들은 온통 검은자의 발자국과 그를 따르는 개를 유심히 쳐다보더니 말했다.

"자네의 발자국과 이 개가 우리가 그리워하는 라마농가바토의 것과 이토록 닮았다니, 정말이지 너무 안타깝군. 용맹한 막내, 바위를 든 우리의 막내는 죽고 말았으니."

이 말을 들은 온통 검은자가 소리쳤다.

"그런 말씀 마세요. 당신들이 말하는 그 사람의 모습이 나와 비슷했나 보군요."

이렇게 말하고 그는 다시 길을 나섰다. 쟁기로 땅을 갈던 사람들을 만나자 막내는 먹을 것을 부탁했다. 그들이 막내에게 물었다.

"댁은 이름이 뭐요?"

"온통 검은자라 불립니다."

막내의 대답을 들은 사람들이 말했다.

"바위를 든 막내가 죽은 후부터 우리는 먹을 것을 아무에게도 주지 않는다오."

그리고 막내가 남긴 발의 흔적과 개를 보더니 한탄했다.

"라마농가바토의 발자국과 이렇게 같을 수 있다니! 게다가 이 개도 똑 닮았구먼. 정말이지 너무 안타깝군. 용맹한 막내, 바위를 든 우리의 막내는 죽고 말았으니."

온통 검은자인 막내가 소리쳤다.

"그만 하세요. 당신들이 말하는 그 사람의 모습이 나와 비슷했나 보군요."

마을에 도착하자 막내는 자신의 아내가 있는 집으로 들어갔다. 그때 마침 두 형은 산책을 나가 집에 없었다. 온통 검게 칠한 얼굴을 씻어내자 사람들이 그를 알아보았다. 마을 사람 모두가 모여 소리치며 기쁨을 표현했다.

"맙소사, 그가 살아있었어! 바위를 든 용맹한 막내가 살아있었다고!"
 막내인 라마농가바토가 살아서 돌아왔다는 소식을 들은 두 형은 감히 마을로 돌아오지 못하고 다른 곳으로 도망치고 말았다.

일곱 형제

··· 베츠미사라카 부족 민담, 아치나나나 지역

매우 가난한 부부에게 일곱 명의 아들이 있었다. 이들 부부는 너무 가난해서 아이들에게 먹일 음식도 겨우 장만할 정도였다. 어느 날 부부는 아이들을 불러모아 이렇게 말했다.

"얘들아, 우리는 너무 늙고 힘이 들어 너희들을 더 키울 수가 없구나. 이제 너희도 다 커서 힘도 있으니 각자 알아서 살아보아라."

일곱 형제는 집을 나서 남쪽으로 향했다. 하지만 형제 중의 막내인 '파랄라이'가 뒤처지고 말았다. 몸이 불편한 그는 형제들의 발걸음을 따라갈 수가 없었고 형제들도 그를 챙겨서 같이 갈 만큼 애정이 없었기 때문이다. 밥 먹을 시간이 되어 형제들이 모두 먹기만 할 때 오직 바로 위의 형인 '안드리아마토아'만이 자신의 몫에서 반을 막냇동생을 위해 남겨두었을 뿐이었다. 밤이 되어 형제들이 잠을 잘 때가 되어서야 파랄라이가 겨우 도착하였다. 이렇게 며칠을 걷다가 칠 일째가 되는 날, 여섯 형제는 일곱 개로 나뉜 갈림길과 마주쳤다. 그러자 형제들은 힘은 없지만 현명해서 자신들이 어디로 가야 할지 알려줄 막내를 기다리자고 하였다. 두어 시간이 지나자 지친 기색의 파랄라이가 도착했다. 그는 몸이 불편한 자신을 도와주지 않은 형제에게 마음이 상했으나 천성이 착했기에 원망하지도 않고 그들에게 이렇게 말했다.

"이 일곱 개 길의 주인은 모두 괴물이에요. 우리는 각자가 하나의 길을 선택해야만 해요. 나는 우두머리 괴물이 지키고 있는 가운데 길로 갈게요."

일곱 형제는 각자의 길을 선택해서 출발했다. 그들이 일곱 괴물이 머무는 동굴에 도착했을 때, 그곳에는 맛있는 음식들이 가득 차려져 있었다. 매일 새롭게 가득 차려지는 음식을 먹으며 7개월의 시간이 지났다. 이제 형제들은 움직일 수조차 없을 정도로 살이 쪄버렸다. 하지만 막내 파랄라이의 몸매는 변하지 않았다. 여전히 비쩍 마른 그를 보던 여섯 괴물이 우두머리 괴물에게 말했다.

"대장, 우리가 잡은 포로를 잡아먹읍시다. 이제 아무리 음식을 먹여도 더는 살찌지를 않아요."

"조금 더 기다려봐라. 내가 잡은 녀석은 영 살이 찌지를 않더구나. 그 녀석이 통통해지면 우리 모두 모여 축제를 벌이자꾸나."

이렇게 대답한 우두머리는 동굴로 들어가서는 막내에게 어째서 그는 다른 녀석들과 달리 살이 안 찌는지를 물어보았다.

"당신이 하는 일은 헛수고예요. 당신이 준 닭이나 염소 그리고 소들 가지고는 내가 살이 안 쪄요. 나를 살찌우고 싶다면 저 멀리 있는 산에서 샘솟는 물을 물항아리에 담아서 내게 먹여보세요."

우두머리 괴물은 부하들을 불러 파랄라이의 말을 알려주고 모두 함께 물항아리를 들고 막내가 말해준 산으로 물을 찾아 나섰다. 그런데 산에서 샘솟는 물을 가지러 갔다 오는 데 칠일이나 필요했다. 그래서 괴물들은 동굴의 입구를 막고 길을 떠났다. 그들이 사라지자 쥐 한 마리가 지붕에서 파랄라이에게 다가왔다. 다가오는 쥐를 보며 그가 말했다.

"우리 형제들이 이곳에서 도망칠 수 있게 숨겨진 길을 알려주겠니? 여기 계속 붙잡혀 있다가는 괴물들이 우리를 잡아먹고 말 거야."

"그러면 나에게 흰쌀을 주세요. 내가 빠져나가는 길을 가르쳐 줄게요."

그 말을 들은 파랄라이가 흰쌀을 주자 쥐가 맛있게 먹고는 형제들에게 나뭇잎을 건네주었다. 형제들은 그 나뭇잎에 매달려 동굴을 빠져나왔다. 일곱 형제는 끊임없이 걸어서 괴물들의 터전에서 도망쳤다. 하지만 그들은 멀리 갈 수 없었다. 왜냐하면, 막내는 몸이 불편했고 나머지 형제들은 너무 살이 쪄서 빨리 걸을 수가 없었기 때문이었다. 이를 본 쥐가 파랄라이에게 계란과 창, 그리고 조약돌을 하나씩 구해달라고 부탁했다.

한편 멀리 떨어진 산에 도착한 괴물들은 샘을 찾아 물항아리에 물을 담으려 했다. 하지만 물은 물항아리에 차지 않고 새어 나왔다. 괴물들은 물항아리에 물을 채우려 삼 일을 애썼지만 성공하지 못했다. 괴물들이 물을 물항아리에 퍼담는 동안 우두머리 괴물은 파랄라이를 떠올리며 소리쳤다.

"못된 파랄라이 같으니, 아무리 물을 부어봤자 다 새버리고 말잖아. 그래도 힘내서 더 퍼내고 물을 담아보자.

괴물들이 열심히 물을 채우려 애쓰는 동안 일곱 형제는 계속해서 길을 걸어갔다. 계속 물을 부어도 여전히 채워지지 않는 물항아리를 보던 괴물들은 잡아 놓은 포로들이 자신들을 속인 것이 아닐까 의심했다. 그래서 그들은 포로들을 잡아먹기 위해 부리나케 동굴로 발걸음을 돌렸다. 동굴에 도착하고 나서야 그들은 자신들이 속았다는 것을 알아차렸다. 곧바로 괴물들은 북쪽으로 방향을 돌려 도망친 포로들을 뒤쫓았다. 바람처럼 빠르게 도망자들을 쫓던 괴물들은 마침내 그들을 잡을 수 있는 거리에 이르렀다.

숨소리까지 들릴 정도로 괴물들이 다가오자 파랄라이는 형제들을 먼저 가도록 하였다. 그에게는 북이 하나 있었는데 이 북은 괴물들을 춤추게 하는 소리를 낼 수 있었다. 홀로 뒤에 처진 막내는 북을 쳐서 괴물들을 춤추게 했다. 북소리는 매우 커서 십 리 밖까지 들릴 정도였다. 괴물들이 춤추는 사이 형제들을 뒤쫓아간 파랄라이는 쥐가 구해달라던 계란 하나를 놓았다. 이 계란은 북소리에 강으로 변해 괴물들의 발걸음을 멈추게 하였다. 강 건너에서 이들을 보던 파랄라이는 몸을 돌려 다시 형제들을 쫓아갔다.

한편 북소리가 나자 괴물들은 신이 나서 춤을 추었다. 얼마 후 북소리가 멈춰서 다시 도망자를 쫓으려 했지만, 이번에는 강이 그들을 막았다. 그러자 괴물들은 강물을 마시기 시작했고 한 시간 정도 지나자 마침내 강물은 완전히 말라버렸다. 이렇게 강물을 다 마셔버린 괴물들은 황소가 달리듯 빠르게 형제들을 쫓아갔다. 파랄라이는 바람을 통해 전해지는 느낌으로 괴물들이 가까이 있다는 것을 알아차렸다. 그는 쥐가 말했던 창을 구해와 땅에 꽂았다.

그러자 그 창은 곧바로 빽빽한 숲으로 변했다. 이를 본 파랄라이는 북을 계속 치면서 걸음을 재촉했다. 자신들이 좋아하는 북소리가 들리자 괴물들은 다시 춤추기 시작했다. 그리고 북소리가 멈추자 칼처럼 날카로운 자신들의 꼬리로 숲의 나무들을 베어버리고 다시 도망자들을 쫓았다. 다시 괴물들이 다가오는 기운을 느낀 파랄라이는 갖고 온 조약돌을 땅에다 던졌다. 조약돌은 뾰족하고 커다란 바위들로 변했다. 형제들이 바위 위에 올라가자 바위가 저절로 자라서 산꼭대기 높이까지 솟아올랐다. 그 모습을 본 괴물들이 말했다.

"우리도 너희들이 있는 곳까지 옮겨다 주렴."

"그러려면 가지고 있는 창의 뭉툭한 부분을 땅에 꽂으세요. 그리고 우리에게 줄을 던져주면 당신들을 이쪽으로 끌어올릴게요."

괴물들은 파랄라이의 말에 따라 자신들의 창을 바위 둘레에 꽂고 각자가 긴 줄을 형제들에게 던져주었다. 긴 줄의 끝을 잡은 형제들은 괴물들에게 줄로 몸을 묶으라고 한 뒤, 그들을 끌어올리기 시작했다. 괴물들이 바위의 중간 부분까지 올려졌을 때, 파랄라이는 형제들에게 그 줄들을 놓아버리라고 말했다. 괴물들은 바위에서 떨어져 자신들이 박아 놓은 창에 찔려 모두 죽어버렸다. 바위에서 내려온 형제들이 괴물들의 배를 가르자 그 속에는 많은 것이 있었다. 닭, 소, 양, 돼지, 개, 특히 많은 사람이 살아있었다. 이 모든 것들은 일곱 형제의 소유가 되었다. 파랄라이가 가장 많은 것을 가졌다. 왜냐하면, 그가 괴물의 우두머리를 죽였기 때문이었다.

일곱 형제는 전리품을 가지고 부모에게로 돌아갔다. 그들이 집에 도착하자 아버지와 어머니는 너무 놀라고 기뻐서 정신을 잃었다. 이 소식을 들은 마을 사람들은 일곱 형제의 무용담을 듣고 그들의 용맹함에 놀라워했다. 이제 형제들은 모두 부자가 되었다. 그들은 각자가 자신들의 마을을 만들어 족장이 되었다. 그리고 막내 파랄라이는 이 마을들 한가운데에 집을 짓고 부모와 함께 살았다. 가장 불행한 사람들 가운데 가장 부유한 자가 나왔으니, 고난 끝에 행복이 온다는 속담은 바로 일곱 형제의 이야기를 통해 확인할 수 있을 것이다.

이마하이타나와 치마티암바바니

… 바라 부족 민담, 파라팡가나 지역

'이마하이타나'와 '치마티암바바니'가 여행을 떠나 숲에 도착했다. 이마하이타나는 돌팔매질에 매우 능숙했고 치마티암바바니는 말솜씨가 좋은 자였다. 숲속 나무에 앉은 푸른 비둘기 떼를 발견한 치마티암바바니가 동료에게 말했다.

"자네가 돌팔매질을 그렇게 잘한다니, 돌을 던져서 저 비둘기들을 잡을 수 있겠나."

"내가 한번 돌을 던지면, 저 비둘기 중에서 반은 잡을 수 있다네. 그런데 내가 던진 돌은 사흘을 더 날아가 누군가를 맞혀 상처를 입힐 수 있다네. 그건 좋은 일이 아니지 않겠나?"

"자네가 던진 돌로 무슨 일이 일어나든 다 내가 책임지겠네."

"그래? 그러면 증인을 불러주게."

두 사람은 증인을 찾아 그들에게 자신들의 내기에 관해 설명했다. 이마하이타나는 비둘기 떼를 향해 돌을 던졌다. 반이나 되는 열 마리의 비둘기가 돌에 맞고 떨어졌고 나머지는 날아갔다. 그리고 던져진 돌은 사흘이나 더 날아가 동쪽 지역 족장의 아들에게 상처를 입히고 말았다. 두 사람은 계속 길을 가다가 며칠 후 잔치가 열리는 마을에 도착했다. 각자가 칼을 차고 화려한 옷과 가슴까지 올라오는 외투를 걸친 채 마을로 들어가던 그들은 머리에 피

묻은 붕대를 싸맨 키 크고 잘생긴 소년과 마주쳤다.

"머리는 왜 그렇게 다쳤는가?"

"어디선가 날아온 돌에 머리를 맞았어요. 큰일 날 뻔했어요."

"그 돌은 아마도 내가 던진 돌이었을 것이네."

이 말을 들은 족장이 깜짝 놀라 앞에 나서며 말했다.

"바로 당신이 내 아들을 다치게 한 사람이군. 여봐라. 이 두 사람을 당장 잡아라. 죽음으로 그 죗값을 물어야겠다."

족장의 말을 들은 이마하이타나와가 급히 항변했다.

"아니요, 나는 죄가 없소. 여기 이 친구 치마티암바바니가 숲속에서 비둘기 떼를 발견하고서는 내게 돌을 던져 잡아보라고 권했소. 나는 싫다고 대답했소. 왜냐하면, 내가 돌을 한번 던지면 새 떼의 반을 맞춰 잡을 수 있지만, 그 돌은 사흘이나 더 날아가 누군가를 다치게 할 수 있음을 알았기 때문이오. 하지만 이 친구가 계속 던져보라고 고집하였단 말이오."

"이 친구의 말은 거짓이오. 자신이 돌을 던지고 싶어 안달했으면서 지금 내 핑계를 대고 있소. 나는 손이 마비되어 돌을 던질 수도 없소."

"아니요. 이 친구가 시키는 것을 본 증인들이 있소."

두 사람의 말이 엇갈리자 족장은 증인들을 수소문해서 찾아오라 말했다. 증인들은 족장에게 결과는 자신이 책임질 테니 돌을 던져보라고 치마티암바바니가 계속 친구에게 종용했다고 증언했다. 마을 사람들이 치마티암바바니를 잡으려 하자 그는 숲속으로 도망쳤다. 사람들이 쫓아오는 것을 본 그는 키가 큰 풀숲으로 들어갔다. 그러자 추적자들은 불을 놓았다. 불에 타죽을까 걱정한 치마티암바바니가 풀숲에서 급하게 뛰쳐나오자 사람들은 창과 칼로 그를 찔러 쓰러트렸다. 그는 핏속에 잠긴 채 죽고 말았다. 그의 죽음을 확인한 사람들이 떠나자 동물들이 와서 그의 피를 핥고 살을 찢었다.

이 소식을 들은 치마티암바바니의 아내는 슬픔에 젖어 눈물을 흘렸다. 그녀는 동생 두 명과 함께 여행을 떠날 물품을 준비해서 숲을 통해 마을을 떠났다. 남편의 수의를 메고 여러 곳을 찾아 헤맸으나 그녀는 사랑하는 남편의 시신을 찾지 못했다. 지친 세 사람은 모두 근처의 마을로 들어갔다. 휴식을 취한 그녀들은 수색을 계속했다. 그러던 어느 날, 숲속에 동물들이 모여 있는 곳에 시체가 놓여 있음을 알았다. 끔찍한 모습을 본 그녀의 두 동생은 정신을 잃었고 치마티암바바니의 아내는 조각나 흩어진 남편의 시신을 보고 더 깊은 슬픔에 빠졌다.

그때 숲속을 배회하던 괴물들이 정신을 놓은 세 여자를 보고 달려왔다. 괴물을 발견한 세 여자는 지친 몸을 이끌고 힘겹게 달아났다. 다행히 여자들은 괴물을 마주쳤을 때 어떻게 도망쳐야 살 수 있는지에 관한 방법을 어른들에게 들어서 알고 있었다. 도망가면서 넝쿨나무를 발견한 그녀들이 나무를 향해 말했다.

"나무야, 넝쿨나무야! 너희가 우리 엄마와 아빠의 가호를 받았다면 가지를 내려 우리를 감추어다오."

이 말을 들은 넝쿨나무가 가지를 내려주자 세 여자는 그 속에 몸을 감췄다. 괴물들이 가까이 오자 다시 그녀들은 나무를 향해 말했다.

"나무야, 넝쿨나무야! 너희가 우리 엄마와 아빠의 가호를 받았다면 가지를 높이 들어주렴."

그러자 갑자기 나뭇가지가 하늘 높이 치솟았고 나무 아래의 괴물들은 먹잇감의 냄새만 맡을 뿐 찾을 수 없게 되었다. 그것도 잠시 마침내 나무 위에 먹잇감이 있다는 것을 발견한 괴물들은 도끼를 가져와 나무를 쓰러트릴 것을 생각해냈다. 하지만 누가 도끼를 가지러 가느냐가 문제였다. 괴물들은 자신이 도끼를 가지러 간 사이에 다른 괴물들이 먹잇감을 모두 먹어치워 자신의 몫이 없을까 걱정한 것이다. 괴물들은 다리가 가장 긴 괴물을 보내려 했지만, 그는 거절했다. 다음으로 몸이 빠른 괴물을 지목했으나 그 역시 도끼를 찾으러 가기를 싫어했다. 마지막으로 가장 빨리 달리는 괴물을 보내고 싶었으나 마찬가지였다. 어쩔 수 없이 괴물들은 모두 함께 도끼를 찾으러 떠났다.

괴물들이 나무에서 멀어지자 세 여자는 넝쿨 나무를 향해 말했다.

"나무야, 넝쿨나무야! 너희가 우리 엄마와 아빠의 가호를 받았다면 가지를 내려다오."

나무가 가지를 내려주자 그녀들은 재빨리 나뭇가지에 훈제된 고기 조각을 꿰어놓고 그 위로 옷을 입혔다. 그리고 다시 나무를 향해 말했다.

"나무야, 넝쿨나무야! 너희가 우리 엄마와 아빠의 가호를 받았다면 가지를 높이 들어주렴."

나뭇가지가 하늘로 치솟자 세 여자는 나무를 떠났다. 얼마 후, 괴물들이 도끼를 가지고 나타났다. 나무 위쪽에 옷을 입은 먹잇감이 매달려 있는 것을 본 그들은 기뻐 외치며 도끼로 나무를 찍기 시작했다. 나무가 쓰러지자 괴물들은 함성을 지르며 외쳤다.

"쓰러졌다. 나무가 쓰러졌어. 내장은 내 거야. 내가 먹을 거라고."

그러나 그들이 잡은 것은 훈제 고기 몇 조각과 누더기뿐이었다. 크게 실망한 괴물들은 화를 내고 주변을 돌아다니며 냄새를 맡았다. 그리고 도망자를 추적하기 시작했다. 괴물들이 다시 자신들을 쫓아오는 것을 알게 된 세 여자는 걸음을 재촉하여 큰 바위에 도착했다. 그녀들은 바위를 향해 말했다.

"바위야, 바위야! 너희가 우리 엄마와 아빠의 가호를 받았다면 즉시 문을 열어다오."

바위가 열리고 세 여자가 그 안에 몸을 숨겼다. 곧바로 괴물들이 도착했다. 한 괴물이 바위를 향해 물었다.

"먹잇감이 여기에 있지 않았나?"

"먹잇감이라니, 나는 아무것도 본 게 없다네."

"혹시 네가 먹잇감을 숨긴 것 아니냐?"

"무슨 소리를 해. 나는 먹잇감을 보지도 못했어."

이렇게 괴물들이 바위를 향해 시비를 걸자 바위가 말했다.

"그렇다면 나를 열어보게. 내 안에 먹잇감이 있다면 그것을 잡아먹으면 되지 않겠나?"
　이 말을 들은 괴물들이 서로에게 물었다.
　"도끼가 어디 있지?"
　"넝쿨나무 아래에 두고 왔잖아."
　그러자 한 괴물이 다른 괴물에게 말했다.
　"도끼로 이 바위를 깨부수자. 가서 가져와."
　"나는 뚱뚱해서 시간이 걸릴 거야. 네가 가져오지 그래?"
　"나는 눈이 나빠서 제대로 찾을 수가 없을 것 같은데."
　이렇게 괴물들은 서로가 구실을 찾아 도끼를 가지러 가는 것을 피하려 했다. 어쩔 수 없이 괴물들은 모두 함께 도끼를 찾으러 떠났다. 괴물들이 바위에서 멀어지자 세 여자는 바위를 향해 말했다.
　"바위야, 바위야! 너희가 우리 엄마와 아빠의 가호를 받았다면 문을 열어다오."
　바위가 열리자 세 여자가 나와서 자신들이 있던 자리에 훈제 고기 몇 조각과 옷을 두고 바위를 향해 다시 문을 닫으라고 부탁하고 그곳을 떠났다. 하지만 그녀들은 빨리 걸을 수가 없었다. 괴물들에게 쫓겨 도망치느라 피로하고 발이 심하게 아팠기 때문이었다. 세 여자는 개울가에 자라는 무성한 나무 발치에서 멈췄다.
　한편 괴물들은 도끼를 가지고 바위에 도착한 후에 급하게 바위를 깨부수었다. 깨어진 바위 안에서 천 조각에 감싸진 훈제 고기를 발견한 괴물들은 함성을 질렀다.
　"깨졌다. 바위가 깨졌어. 내장은 내 거야. 내가 먹을 거라고."

하지만 이번에도 괴물들을 맞이한 것은 훈제 고기 몇 조각과 누더기뿐이었다. 크게 실망한 그들은 화를 내고 주변을 돌아다니며 냄새를 맡았다. 그리고 도끼를 챙기는 것을 잊어버린 채 추적을 재개했다. 이때 세 여자는 개울을 막 건너려는 중이었다. 개울가에서 두꺼비를 본 그녀들은 이렇게 말했다.

"두꺼비야, 복스러운 두꺼비야! 네가 우리 엄마와 아빠의 가호를 받았다면 우리를 삼켜주렴."

이 말을 듣고 두꺼비가 입을 크게 벌리자 세 여자는 그 속으로 들어갔다. 그녀들을 삼킨 두꺼비의 배는 산처럼 부풀었다. 곧바로 괴물들이 와서 두꺼비에게 물었다.

"우리가 잡으려는 먹잇감을 보았소?"

"못 봤는데."

"당신이 숨겨둔 것은 아니오?"

"이미 못 봤다고 말했잖소."

"거짓말을 하는 것 같은데. 우리 먹잇감이 당신의 배 속에 있다는 사실을 알고 있소. 빨리 토해내시오. 그렇지 않으면 당신을 죽여버리겠소."

계속되는 괴물들의 추궁에 두꺼비가 말했다.

"한 줄로 한 명씩 줄을 서봐라. 오른쪽에 선 자들에게 내가 한 명씩 토해내마."

괴물들은 재빨리 두꺼비가 말한 대로 움직였다. 그러자 두꺼비가 맨 오른쪽에 서 있는 괴물에게 번개를 떨어지게 했다. 동료가

벼락에 맞아 죽는 것을 본 괴물들이 소리쳤다.

"살려주시오. 제발 살려주시오. 번개를 우리에게 내려치지 마시오. 이곳을 떠날 테니까 제발 살려주시오."

"그렇게는 안 되지. 다시 내 번개 맛을 보아라."

"충분하오. 우리 먹잇감은 당신에게 양보할 테니 우리를 놔주시오."

"기다리라니까. 조금 있으면 먹잇감이 나올 거라니까."

이렇게 괴물들 모두에게 번개를 내리친 두꺼비는 개울을 건너세 여자가 사는 마을로 향했다. 마을에 있는 샘에 도착한 두꺼비는 두 소녀가 물을 긷는 것을 보고 말했다.

"나는 두꺼비라네, 복스러운 두꺼비라네!

누가 자식을 잃었습니까?

나는 두꺼비라네, 복스러운 두꺼비라네!

누가 자식을 잃었습니까?"

두꺼비의 말을 들은 두 소녀는 말했다.

"두꺼비가 이상한 말을 하는데 집에 가서 알려줘야겠어."

두 소녀가 집에 와서 두꺼비에게 들은 것을 말해주자 사람들은 그들이 거짓말을 한다고 비난했다. 계속되는 그녀들의 주장에 사람들은 미심쩍어하면서도 두꺼비를 보기나 하자고 말하며 두 소녀를 따라갔다. 두꺼비는 사람들에게 같은 말을 반복했다. 마을로 돌아간 사람들은 두꺼비가 한 말을 모두에게 전했다. 청년들은 소녀들에게 또 소녀들은 자신들의 어머니에게 말했고, 여자들은 남편에게 그 남편은 족장에게 말했다. 이 말을 전해 들은 족장은 사람을 보냈다. 족장의 세 딸이 얼마 전에 사라졌기 때문이었다. 그는 딸들에게 입힐 옷들을 하인들에게 들게 하고 몇 마리의 소를 끌고 가게 했다. 두꺼비가 있는 장소에 도착한 족장의 하인들이 두꺼비에게 말했다.

"두꺼비야, 복스러운 두꺼비야! 사랑하는 우리 족장님의 딸들을 보여줄래?"

"그렇게 해주마."

두꺼비는 이렇게 말하며 한 소녀를 토해냈다. 일행이 소녀에게 옷을 입히고는 같은 말을 두꺼비에게 했다.

"두꺼비야, 복스러운 두꺼비야! 사랑하는 우리 족장님의 딸들을 보여줄래?"

두꺼비는 두 번째 소녀와 세 번째 소녀를 차례로 토해내었다. 괴물들의 먹잇감이었던 족장의 딸들은 이렇게 구출되었다. 이날 이후로 두꺼비는 목숨을 구할 때 찾는 친구가 되었다.

라자토보와 라노네라

··· 바라 부족 민담, 파라팡가나 지역

'라자토보'는 족장의 아들이었다. 그가 결혼할 여자를 데려올 때면 그의 부모는 가문의 격이 떨어진다는 핑계로 며느리가 될 여인을 죽게 만들곤 했다. 그와 결혼한 여인은 마법에 걸려 다음 날 독살당하곤 한 것이다. 이러한 횡포를 견디지 못한 라자토보는 신의 가르침을 따르지 않는 아버지와 수시로 살인을 일삼는 어머니와 헤어져살기로 했다. 그는 '라노네라'라는 여자를 아내로 맞아 분가하였다.

하지만 오랫동안 함께 살았던 사이라도 잠깐은 헤어져야 한다는 속담이 말하듯이 라자토보 부부에게도 잠시 떨어져 살아야만 하는 일이 생겼다. 특별히 하는 일이 없었던 라자토보 가족의 생활은 가난 그 자체였기 때문이었다. 얼마 후 라자토보는 소 장사를 시작하기 위해 조금 먼 마을로 떠나게 되었다. 다정한 말로 젊은 아내를 위로한 라자토보는 그녀에게 두 가지 주의해야 할 것을 말해주었다.

"어머니가 주는 고기는 그 어떤 것도 만지지 마시오. 그리고 그 집의 문지방을 넘지도 말고, 알았소?"

아내를 혼자 두고 가야 하는 것이 너무 맘에 걸렸지만 라자토보는 마음을 다잡고 집을 나섰다. 아들이 집을 떠난 지 하루가 지나

밤이 다가왔다. 한 주가 흐르고 또 한 주가 지나 한 달의 시간이 지났다. 아들이 분가해서 며느리를 새로 들였다는 사실을 알게 된 그의 부모는 마음에 들지 않는 며느리를 어떻게 죽게 만들 수 있을까 고심했다. 그리고 그들은 사람을 보내 라노네라를 식사에 초대했다. 하지만 남편의 주의를 기억한 그녀는 시부모의 초대에 응하지 않았다. 그러자 두 사람은 음식을 준비하여 며느리에게 보냈다. 그녀는 그 음식에 손도 대지 않고 돌려보냈다. 라자토보의 엄마는 며느리가 돌려보낸 음식을 행여나 자신의 딸이 보고 먹고 큰일이 날까 두려워 급하게 버리기까지 했다.

하지만 시간에는 장사가 없는 법이다. 아무리 굳건한 사람도 습관과 유혹에서 벗어나기 쉽지가 않다. 라노네라의 시부모는 집요했다. 그들의 달콤한 말과 아첨에 라노네라의 경계심은 조금씩 무너졌다. 그리고 마침내 라노네라는 시부모의 초청을 받아들여 같이 식사하기로 약속한 것이다. 시어머니가 온갖 주술을 활용해 만든 음식을 가져오자 라노네라는 맛을 한 번 보고 이렇게 말했다.

"음식에 독이 들어있네요."

그리고는 몸을 떨더니 음식을 뱉어냈다.

"무슨 독이 들어있다고 그러니. 날씨가 너무 더워서 네가 몸이 불편한가 보구나."

음식을 삼키지 않고 뱉어냈음에도 라노네라의 몸 상태는 좋지 않았다. 겨우 집으로 돌아온 그는 문을 잠그고 겨우 침대에 누웠다. 그녀의 몸 상태는 빠르게 나빠졌다. 슬프게도 그녀의 주변에는 곧 죽게 될 그녀를 돌봐줄 그 누구도 없었다.

몇 달 후 라자토보가 집으로 돌아왔다. 한밤중에 집에 도착한 그는 닫힌 문을 보고 소리쳤다.

"여보, 내가 왔소. 대문을 열어요."

아내의 대답이 들리지 않자 그는 다시 문을 두드리며 말했다.

"여보, 대문을 여시오. 내가 왔소. 라노네라, 당신의 남편이 왔소. 문을 열어봐요."

아내의 대답은 여전히 들리지 않았고 얼마 후에 자신의 여동생이 와서 말했다.

"오빠, 내가 문을 열어줄게."

라자토보는 아내가 잠이 깊이 들어 자신의 소리를 듣지 못했을 것으로 믿고 아내가 아닌 그 누구도 대문을 열지 못하게 했다. 그는 여동생에게 말했다.

"아니다. 내가 문을 열어보마."

억지로 대문을 열고 집으로 들어간 라자토보는 잡초가 가득한 마당과 거미줄이 쳐진 방문을 보고 깜짝 놀랐다. 방문을 두드리며 그는 외쳤다.

"여보, 나요. 내가 왔소, 방문을 열어보오."

하지만 아무런 대답도 들려오지 않았다.

"여보, 나요. 내가 왔소, 방문을 열어보오."

그가 다시 외치는 소리에도 아내는 대답이 없었다.

잠시 뒤, 그의 어머니가 다가와 말했다.

"내가 열어보마."

하지만 그는 어머니가 다가오는 것을 막으며 소리쳤다.

"라노네라가 아니면 그 누구도 이 문을 열 수 없습니다. 내 집의 방문은 내가 열겁니다."

그는 있는 힘을 다해 방문을 열고 방 안으로 들어갔다. 그리고 자신의 아내가 침대 위에 뻣뻣하게 얼어붙은 상태로 마치 물에 잠긴 망고 열매처럼 푸른색을 띠고 있는 모습을 보고 말았다. 그는 가슴이 찢어질 듯한 슬픔에 젖어 어찌할 바를 몰랐다. 라자토보는 허리에 매고 있던 칼을 뽑아 자신의 가슴을 찔렀다. 이렇게 사랑을 위해 죽은 두 사람의 영혼은 연결되었다. 두 연인은 차갑게 식은 뻣뻣한 몸으로 서로를 바라보았다.

시간이 흘러 두 사람은 새가 되었다. 둘은 라노네라의 엄마가 사는 마을 위까지 날아가 풀을 뜯고 있는 소들과 소몰이 아이들을 지켜보았다. 그리고 두 마리의 새는 아이들에게 이렇게 노래했다.

"레오, 레오, 레오, 레오야!

마녀가 주술을 써서

우리를 죽게 했단다.

레오, 레오, 레오, 레오야!

어여쁜 라노네라는 그렇게 죽고 말았단다."

노래를 들은 소몰이 아이들은 주변을 둘러보다 아름다운 두 마리의 새를 발견하였다. 그토록 아름다운 새를 본 적이 없었던 아이들은 어른들에게 달려가 새들이 부른 노래를 전해주었다.

"레오, 레오, 레오, 레오야!
마녀가 주술을 써서
우리를 죽게 했단다.
레오, 레오, 레오, 레오야!
어여쁜 라노네라는 그렇게 죽고 말았단다."

새의 노래를 부르고서 아이들은 사람들에게 물었다.

"라노네라의 목소리 같지 않나요?"

그러자 사람들은 라노네라의 엄마에게 달려가 라노네라의 목소리를 구별할 수 있는지를 물어보았다. 그녀는 그 마을의 지배자였다.

"안녕하세요. 부인!"

그리고 이상한 새가 있는데 마치 사람처럼 노래한다고 전하고, 그 목소리가 따님의 목소리와 비슷하다고 전했다. 그러자 그녀가 새들의 노래를 들으러 왔다.

"레오, 레오, 레오, 레오야!
마녀가 주술을 써서
우리를 죽게 했단다.
레오, 레오, 레오, 레오야!
어여쁜 라노네라는 그렇게 죽고 말았단다."

노래를 들은 엄마는 정신을 잃고 쓰러져 한참 지나서야 일어났다. 그리고 이렇게 명령했다.

"쌀과 함께 싱싱한 고기를 익혀서 함께 가져오너라. 깨끗한 새

식탁보에 그것을 올려놓아야 한다. 이 새가 내 딸이라면 요리된 고기를 먹을 것이고 쌀을 먹는다면 다른 사람이다."

마을 사람들은 부인이 말하는 대로 먹을 것을 가져왔다. 두 마리의 새는 식탁보 위로 날아와 요리된 고기를 먹었다. 그것을 바라보던 부인은 다시 정신을 놓았다. 사람들이 물을 뿌려 정신을 들게 하자, 부인은 두 마리 새들을 거둬 마을로 돌아갔다. 사람들은 새들에게 부인의 자식에게 하듯이 오래도록 좋은 음식을 차려 주었다.

파라마웅가볼라

… 치미헤티 부족 민담, 만드리차라 지역

세 자매가 먹을 수 있는 뿌리를 찾으러 집을 나섰다. 뿌리 캐는 일이 끝나서 확인해보니 막내인 '파라마웅가볼라'가 가장 많은 뿌리를 캤다는 사실을 두 언니가 알게 되었다. 언니들은 자신들에게 뿌리를 나눠주지 않으면 숲에 버리고 가겠다고 막내를 위협했다. 언니들의 제안을 막내가 거부하자 그녀들은 동생을 놔두고 집으로 돌아갔다. 홀로 숲에 남겨진 막내는 제법 큰 돌 위에 앉아서 한참을 울었다. 울다 지친 그녀는 지나가는 참새를 보고는 말을 건넸다.

"참새야, 숲에 사는 참새야! 나를 대신해 아빠 엄마에게 소식을 전해주겠니. 나는 언니들에게 버림받은 파라마웅가볼라라고 한단다."

"무슨 소리, 내가 왜 너의 소식을 전해야 하지? 내가 논에서 쌀알 몇 톨을 집어 먹으려 했을 때 나를 쫓아낼 때는 언제고 이제 와서 무슨 염치로 부탁을 하니. 난 싫어."

참새는 냉정하게 대답하고는 멀리 날아가 버렸다. 잠시 뒤 박새가 날아와 앉자 막내는 다시 말했다.

"박새야, 숲에 사는 박새야! 나를 대신해 아빠 엄마에게 소식을 전해줄래? 그러면 너에게 50전을 줄게."

그녀가 준다는 보상이 맘에 든 박새가 대답했다.

"이리 와서 내 날개에 앉으렴. 너의 부모님에게 데려다줄게."

소녀를 태운 박새가 날아가다 마을에 도착하자 사람들이 소리쳤다.

"보세요. 언니들에게 버림받은 파라마웅가볼라가 왔어요. 그 먼 곳에서 먹을 것도 없었을 텐데 어떻게 여기까지 왔는지 신기하네요."

또 다른 사람도 덧붙여 말했다.

"이 새는 무슨 새지? 박새인 듯한데. 혹시라도 이 마을에 액운을 가져오는 것은 아닐까 걱정되네."

이 말을 들은 박새는 날개를 펼쳐 다른 마을을 향해 날아갔다. 그 마을 사람들도 처음 본 박새와 그로 말미암을 액운을 두려워하며 쫓아보냈다. 그리고 마침내 박새는 소녀의 부모가 사는 마을에 도착했다. 이 마을 사람들도 소녀를 보고선 말했다.

"보세요. 언니들에게 버림받은 파라마웅가볼라가 왔어요. 그 먼 곳에서 먹을 것도 없었을 텐데 어떻게 여기까지 왔는지 신기하네요."

소녀의 엄마는 박새의 울음소리를 듣고 깜짝 놀랐다. 그리고 집 안의 사람들에게 말했다.

"누가 우리 막내딸의 이름을 부르는 거냐?"

엄마는 방에서 뛰쳐나와 집 위를 날아다니는 박새를 보고 소리쳤다.

"새야, 네가 착하고 예쁜 우리 막내의 소식을 가지고 왔다면 여기 큰 나무에 앉으려무나."

박새가 나무에 앉자 그녀는 깨끗한 천을 가져와 나무 밑에 펼쳐 놓았다. 천 위로 새가 내려오자 그 날개 아래에서 파라마웅가볼라가 나왔다. 부모님과 마을 사람들은 막내를 다시 보게 되어 기뻐하였다. 막내는 박새에게 말했다.

"여기 약속한 50전이야."

"나는 박새란다. 50전을 가지고 무엇을 할 수 있겠니. 차라리 마을 사람들이 쌀밥을 지어 나에게 주는 것이 나을 것 같은데."

이 말을 전해 들은 마을 사람 모두가 쌀을 찧기 시작했다. 막내의 나이 많은 할머니조차 쌀을 찧었다. 마을 사람들이 찧던 쌀이 하얗게 될 때까지 할머니는 여전히 쌀을 찧고 있었다. 사람들이 지은 밥이 다 익어갈 때가 돼서야 할머니가 찧던 쌀이 하얗게 변했다. 그리고 사람들의 밥을 박새가 먹을 즈음에도 할머니의 밥은 아직도 끓지 않았다. 박새는 사람들이 가져온 밥을 맛보았다. 그리고 나중에 건네진 할머니의 밥을 맛보았는데 너무 뜨거워서 그만 부리를 데고 말았다. 화가 난 박새는 날아오르며 이렇게 말했다.

"선한 일을 했는데 이렇게 박대를 받다니 내가 너희를 어떻게 믿을 수 있겠니."

이런 일이 있고 나서부터 사람들은 박새의 부리에서 나쁜 냄새를 맡게 되었다고 전해졌다.

뿔 없는 소

··· 메리나 부족 민담, 삼바이나 지역

뿔 없는 이 신비한 암소는 주인도 가족도 없었다. 오두막에서 마치 과부처럼 혼자 지냈다. 돗자리를 짜고 물건을 만들고 심지어는 사람처럼 말할 수도 있었다. 당연히 침대에서 잠을 잤다. 누군가 몰래 이 암소의 집에 들어가 본다면 가구들이 잘 정돈되어 있고 깨끗한 방과 가지런한 식기들을 보게 될 것이다. 그의 집은 그토록 세심하게 정리된 가정이었다.

다른 소들처럼 이 암소 또한 풀을 먹었지만, 사람이 그러하듯이 밥도 먹었다. 아침에 일찍 풀을 뜯으러 나가고 해질 때까지 집에 들어오지 않기도 했다. 쌀, 카사바, 감자, 콩 등의 채소도 키웠고 불을 피워 요리하곤 했다. 암소는 여자와 같이 머리카락도 길렀으나 짐승의 꼬리와 네 다리가 있었다.

어느 날, 암소가 풀을 뜯어 먹다가 이상한 물건을 우연히 보았다. 물건을 자세히 보기 위해 암소는 그 물건에 가까이 접근했다. 다가가 보니 커다란 흰 계란이 보였다. 계란은 매우 아름답고 특별한 색을 지녔다. 암소는 계란이 부서질까 두려워 조심스럽게 집으로 가져갔다. 그녀는 바구니 세 개를 겹쳐 놓고 그 속에 계란을 보관하였다. 하루에도 바구니를 여러 번 열어서 애지중지하는 그 보물을 쳐다보곤 했다.

어느 날 아침, 계란에 금이 간 것을 발견한 그녀는 큰 슬픔에 빠졌다. 그런데도 암소는 풀을 뜯으러 들판에 나가야만 했다. 풀을 먹으면서도 자신의 계란에 일어난 일을 생각하며 눈물을 흘렸다. 저녁이 되자마자 그녀는 서둘러 집으로 돌아갔다. 대문을 열고 바구니를 향해 뛸 듯이 다가간 그녀는 계란이 깨져있고 그 속에서 아주 어린 여자아이가 나온 것을 보고 깜짝 놀랐다. 이것이 좋은 일인지 나쁜 일인지 알 수 없어 그녀는 어찌할 바를 몰랐다. 하지만 그녀는 최선을 다해 아이를 키울 것을 결심했고 다행히 아이는 별 탈 없이 무럭무럭 자랐다.

오랜 시간이 흘러 알에서 나온 어린아이는 이제 긴 머리를 가진 예쁜 소녀가 되었다. 암소 여인은 이 소녀에게 '라소알라바볼로'라는 이름을 지어주었다. 어느 날, 남쪽의 족장이 들새를 사냥하던 중 이 아름다운 소녀를 보게 되었다. 그녀의 아름다움에 매혹된 족장은 그녀에게 다가가 말을 건넸다. 그리고 부드러운 목소리와 긴 머리에 반해 결혼을 신청했다. 소녀는 그에게 이렇게 대답했다.

"아! 당신의 요청을 거절할 용기가 저에게는 없네요. 하지만 당신이 진정으로 저와 결혼하기를 원하는 건지 저는 확신할 수가 없답니다. 제 어머니는 사람이 아니라 암소거든요. 우리는 함께 살고 있습니다. 물건을 나누어 쓰고 함께 잠을 자지요. 게다가 화가 날 때면 그 긴 혀로 제 얼굴이 닳아 없어질 때까지 핥기도 하지요."

이 말을 들은 족장은 두려운 마음이 들어 이 가련한 소녀에게 인사를 하고 그곳을 떠났다. 북쪽의 족장도 소녀를 보러왔다가 남쪽 족장처럼 떠났다. 그리고 계속해서 동쪽의 족장과 서쪽의 족장이 찾아왔지만 모두 겁에 질려 떠나고 말았다. 마침내 중앙의 족장이 찾아와 소녀에게 결혼을 신청했고 다른 이들이 들었던 고백을 듣게 되었다. 하지만 그는 이렇게 말했다.

"나는 당신을 사랑하고 아내로 삼기를 원합니다. 나와 결혼해 주세요. 우리 함께 내가 사는 곳으로 떠납시다."

이 말을 들은 긴 머리의 소녀는 어쩔 줄 몰라 했다. 소녀는 암소 엄마의 허락을 받고 싶었지만, 그녀가 결혼을 허락하지 않을 것을 알고 있었다. 더욱이 허락 없이 떠났다가는 자신이 매우 위험한 상황에 빠질 것도 알았다. 그런데도 중앙 족장의 고백에 마음을 빼앗긴 소녀는 그와 함께 떠나기로 했다. 족장의 부하들은 암소 엄마의 집에 있는 모든 씨앗, 콩, 쌀, 피스타치오, 옷감을 짜는 도구, 냄비나 접시 등과 같은 살림살이를 모두 챙긴 후, 문과 창문을 닫고 서둘러 길을 나섰다. 하지만 그들이 멀리 가지도 못했을 때 암소가 나타나 그들을 무섭게 뒤쫓아왔다. 엄마 암소가 일으킨 먼지 바람을 보던 긴 머리의 소녀가 말했다.

"이를 어쩌나. 엄마가 우리를 뒤쫓아 와요."

뿔 없는 암소는 엄청나게 빠른 속도로 달려왔다. 도망치던 그들을 거의 다 따라잡았을 즈음에 암소가 노래를 불렀다.

"사랑스러운 내 딸, 긴 머리 딸아. 너는 어디를 가는 거니?
어째서 너는 나를 버리고 떠나는 거니?

내가 너를 어떻게 키웠는데 나를 버리고 떠난단 말이니."

겁에 질린 도망자들은 암소의 추적을 떨쳐보려 열심히 뛰었지만 결국에는 암소에게 따라 잡히고 말았다. 눈에 불을 켜고 달려오는 암소가 자신들의 바로 뒤에 있었다. 자신을 떠나지 말라고 소리치는 암소 엄마의 숨소리가 느껴질 정도로 암소가 가까이 왔을 때, 라소알라바볼로는 두려워하거나 숨길 것이 없다는 듯 암소 엄마에게 침착하게 말했다.

"엄마, 나는 엄마를 사랑해요. 엄마를 버리고 떠나는 것이 아니에요. 어떻게 내가 엄마를 버리겠어요. 나는 결혼을 하고 싶어요. 결혼해서 가정을 꾸리고 싶은 거예요."

이렇게 말하면서 소녀는 길에다 콩을 뿌렸다. 그것을 본 엄마 암소가 대답했다.

"너 지금 뭐 하는 거니? 결혼하겠다고 말하면서 길에다 콩을 버리고 있다니. 어떻게 네가 가정을 꾸려나갈지 걱정이구나. 우선 그 아까운 콩부터 줍자."

이렇게 대답하며 암소 엄마가 콩을 줍는 사이에 긴 머리 소녀와 일행들은 슬며시 도망쳤다. 뿔 없는 암소는 도망치는 그들을 보자 코웃음을 지으며 다시 쫓기 시작했다. 그러면서 좀 전과 같은 질문을 딸에게 던졌고 딸은 여전히 같은 말을 했다. 대화가 끝나자 이번에는 소녀가 피스타치오를 길에 뿌렸다. 그러자 암소가 말했다.

"너 지금 뭐 하는 거니? 나하고 함께 살지 않겠다면 말 한마디라도 해주고 떠나야 하는 것이 도리가 아니겠니? 게다가 내가 모아둔 곡식들을 다 가져가면서 또 이것들을 버리면 나보고 어쩌라는 거냐? 내가 뭘 먹고 살 수 있겠니?"

이렇게 암소 엄마가 피스타치오를 줍는 동안 소녀와 일행들은 더 빠르게 그곳에서 도망쳤다. 소녀는 계속 옥수수와 쌀, 질그릇과 나무 접시, 온갖 살림살이를 차례대로 길에 던지며 도망쳤다. 그리고 얼마 후 더는 버릴 것이 없음에도 자신들이 사는 마을이 한참 남았음을 알았다. 무서운 암소의 추적은 여전했다. 그러자 라소알라바볼로가 자신의 연인에게 말했다.

"도망치세요. 당신이 나와 함께 죽는 모습을 볼 수 없어요."

이 말을 들은 족장과 부하들은 멀지 않은 곳에 있는 구덩이로 몸을 숨겼다. 성난 암소가 지척이었다. 무시무시한 목소리로 암소 엄마가 딸에게 소리쳤다.

"얘야, 어째서 나를 혼자 두고 가려고 하니? 나와 함께 살기 싫다면 왜 미리 말하지 않았니. 집에 있는 곡식이며 살림 도구를 몽땅 가져가는 것은 또 무슨 경우냐? 게다가 기껏 가져가 놓고서 길에다 버리다니. 이 무슨 짓거리냔 말이다."

엄마 암소는 화가 나서 소녀의 얼굴을 자신의 거친 긴 혀로 막 핥았다. 그러자 그녀의 얼굴 피부가 벗겨졌고 소녀의 모습은 흉측하게 변했다. 이렇게 한 암소는 딸에게 말했다.

"이제 그 모습을 가지고 어디 네 마음대로 가서 살아보아라."

그러면서 그곳까지 오면서 주워 모은 물건과 딸의 얼굴 피부를 챙겨 자신의 오두막으로 돌아갔다. 집에 도착한 암소 엄마는 불

위에 딸의 얼굴 피부를 올려놓았다.

 뿔 없는 암소가 떠나자 젊은 족장은 긴 머리 소녀에게 돌아왔다. 얼굴의 피부가 온통 벗겨져 흉측한 모습으로 말하는 소녀를 본 그는 너무 놀랐고 무서워했다. 변해버린 가련한 소녀를 데리고 마을에 도착한 족장은 부하들에게 무슨 일이 일어났었는지 아무에게도 말하지 말라고 명령했다. 소녀가 마을에서 길을 잃고 돌아다니지 않도록 그녀를 외딴 오두막에 가두고 아무도 그 근처로 지나가지 못하도록 엄한 명령도 내렸다. 그렇지만 소녀에 관한 이야기가 조금씩 퍼져 나갔다. 족장의 두 부인은 새로 맞이한 여인을 비웃었고 족장은 그로 인해 매우 크게 슬퍼했다.

 그런데도 족장은 자신이 맞이한 세 번째 부인과의 결혼 날짜를 정했다. 그리고 결혼식 날 수많은 사람이 마을에 모여 두 사람의 결혼을 축하할 것이었다. 새로 맞은 족장의 부인과 이전의 부인들을 비교하는 행사가 관행적으로 열리는데, 가장 아름다운 부인에게 환호를 보내고 나머지를 조롱하는 시간이었다. 또 다른 결혼식 풍습은 모든 부인이 양탄자를 짜서 족장에게 바치는 행사였다.

 결혼식 당일 벌어지는 행사 소식을 전해 들은 라소알라바볼로는 어떻게 대처해야 할지 몰라 흐느껴 울었다. 그리고 뿔 없는 암소가 벗겨 불 위에 올려놓은 소녀의 얼굴 피부에서도 눈물이 흘러 저녁 요리를 위해 준비한 불을 꺼트렸다. 암소 엄마는 불이 꺼져 저녁 요리를 할 수 없다며 투덜거렸고 이것이 딸이 흘리는 눈물 때문에 불이 꺼진 것을 알아차렸다. 암소는 긴 머리 소녀에게 달려와 왜 울고 있는지를 물었다.

"엄마, 내가 왜 우냐고요? 족장인 남편을 위해 양탄자를 짜지 못해서 그래요."

딸의 말을 들은 암소 엄마는 그녀를 측은하게 바라보며 말했다.

"얘야, 걱정하지 말아라. 가서 갈대를 가져오너라."

암소 엄마는 갈대를 입에 넣고 꼭꼭 씹어 실로 엮어내었다. 그리고 다시 딸에게 비단을 달라 말했다. 비단을 건네받은 그녀는 입으로 씹어 갈대와 섞어 반짝이는 양탄자를 만들었다. 이를 본 딸이 고맙다고 말하자 뿔 없는 암소 엄마는 다시 오두막집으로 돌아갔다.

다음 날, 사람들이 긴 머리 소녀에게 결혼식을 준비하라고 전했다. 어떤 준비를 할지 모르던 소녀는 다시 눈물을 흘리며 울었다. 암소 엄마의 오두막 불은 소녀의 얼굴 피부에서 흐르는 눈물로 다시 꺼졌다. 엄마는 다시 서둘러 소녀에게로 돌아와 딸이 우는 이유를 물었다.

"내일이면 결혼식을 해야 하는데 이런 흉측한 얼굴로 나서게 되면 마을 사람들이 얼마나 내 흉을 보겠어요. 남편은 나의 모습을 부끄럽다 할 것이고 마을 사람들은 나를 비웃을 건데 어찌하면 좋나요. 차라리 죽는 게 낫겠어요."

그러자 뿔 없는 암소 엄마가 다시 한번 소녀의 얼굴을 안쓰러운 마음으로 핥았다. 그러자 소녀의 얼굴은 매끈해지고 빛이 날 정도로 변했다. 다음 날이 되자 결혼식에 참석해 신부를 보려는 사람들로 광장이 가득 메워졌다. 여느 때와 같이 족장의 두 부인이 모습을 드러냈고 그녀들의 미모에 사람들이 환호를 보냈다. 이어 긴 머리 소녀가 등장하자 사람들은 그녀가 떠오르는 달처럼 예쁘고 빛나는 금처럼 환하다고 더욱 커다란 갈채를 보냈다. 긴 머리 소녀야말로 이 세상에서 가장 아름다운 여자로 인정받게 된 것이다. 결혼식이 끝나자 긴 머리 소녀는 승리를 만끽하며 족장인 남편의 집으로 향했고 미움과 조롱을 받은 두 부인은 절망에 빠져 마을 한구석으로 도망쳤다.

두 여인은 남편이 맞이한 새 부인의 아름다움을 되찾아준 뿔 없는 암소에게 지독한 증오를 품게 되었다. 그래서 그들은 복수할 방법을 찾았다. 마을 주술사들의 조언을 받아 두 여자는 몸이 아픈 척을 했고 그 소식을 들은 족장은 그녀들이 왜 아픈지를 알아보게 했다. 그리고 두 부인이 아픈 것은 뿔 없는 암소 때문이라는 사실이 밝혀졌다. 족장의 두 부인이 병에서 나으려면 암소의 희생이 필요하다는 의견이 주술사들에 의해 족장에게 전달되었다. 족장에게 상황을 들은 긴 머리 소녀는 암소 엄마에게 닥칠 위험에 대해 알려주었다. 하지만 암소는 태연히 딸에게 말했다.

"걱정하지 말아라. 나를 죽일 수 있지만 나 역시 복수할 수 있으니 말이다. 내가 죽더라도 내 살을 먹지 않도록 주의해야 한다. 그리고 내 뼈를 전부 모아 일곱 개의 바구니에 담아 차례로 네가 갇혀있었던 오두막의 북동쪽에 묻어두어라."

그다음 날에 사람들은 뿔 없는 암소를 잡았고 족장의 두 부인은 즉시 병이 나은 척하며 암소의 고기를 먹었다. 긴 머리 소녀는 암소 엄마가 해준 말을 기억해 잘 따랐다. 암소의 살을 만지지도 않았고 뼈들을 조심스럽게 모아 일곱 개의 바구니에 담아 오두막의 북쪽 구석에 묻었다. 그리고 수시로 엄마의 무덤을 찾아가 슬퍼하며 울었다. 어느 날 그 무덤에서 나무가 자라 흰 꽃을 피웠다. 라소알라바볼로는 꽃과 열매를 팔아 큰 부자가 되었다. 이를 질투한 두 여인은 신비한 나무의 꽃과 열매를 가지고 싶어 했다. 욕심에 눈이 먼 그녀들은 많은 꽃과 열매를 따기 위해 나뭇가지를 세차게 흔들었다. 하지만 온몸에 쏟아진 꽃가루로 인해 고칠 수 없는 병에 걸리고 말았다. 족장은 그녀들을 마을에서 멀리 떨어진 작은 오두막으로 쫓아 보냈다. 얼마 후 그곳에서 두 여인은 죽음을 맞이했다. 그리고 긴 머리 소녀는 족장의 유일한 부인이 되었다.

중부 지역의 족장

··· 벳시미사라카 부족 민담, 바토만드리 지역

세 딸을 가진 족장이 있었다. '치오리바라남팡가'라는 큰딸은 다리를 쓰지 못했으나 그 얼굴은 매우 아름다웠다. 여동생들에게 결혼을 신청하러 온 남자들이 그녀를 한 번 보고 모두 그녀의 미모에 반해 버렸다. 그렇게 2년의 세월이 흘렀다. 그러자 두 여동생이 부모에게 말했다.

"언니가 있는 한 우리는 결혼할 수가 없을 거예요. 우리 셋 중에서 누가 더 아빠와 엄마에게 소중해요? 언니라 생각한다면 우리는 집에서 나가겠어요. 아니라면 언니를 집에서 쫓아내세요."

부모는 다리가 불편한 큰딸이 안쓰러웠지만 두 딸의 제안을 거절할 수 없어 가족 모임을 열었다. 소식을 들은 족장의 여동생이 그러면 안 된다고 말렸지만 두 여동생은 완강히 자신들의 의견을 고집했다. 결국, 큰딸은 집에서 쫓겨나 숲속의 작은 오두막에서 살게 되었다. 치오리바라남팡가를 오두막으로 데려가던 족장의 부하들은 큰 숲에 이르자 나뭇가지와 덩굴만을 대충 치워 놓고 그녀를 숲 한가운데 놔두고 가버렸다.

홀로 남겨진 그녀 곁으로 매 한 마리가 다가와 물었다.

"치오리바라남팡가야, 이 어두운 숲속에서 무엇을 하고 있니?"

새의 물음에 소녀는 노래하듯 대답했다.

"부모님에게 버림받은 나를 잡아먹으려고 하니?
엄마에게 버림받은 나를 잡아먹으려고 하니?
아빠에게 버림받은 나를 잡아먹으려고 하니?
여동생들에게 버림받은 나를 잡아먹으려고 하니?"

"불쌍한 너를 내가 어떻게 잡아먹겠니? 아마도 까마귀같이 못된 새나 너를 잡아먹겠지?"

하지만 소녀 곁으로 다가온 까마귀는 그녀의 발을 몇 번 쪼아보더니 관심 없다는 듯 날아가 버렸다. 이후 많은 새가 날아왔지만, 소녀의 마비된 발만을 부리로 쪼아본 후 모두 날아가 버렸다. 새들이 떠난 후 여우원숭이가 소녀에게 다가와 물었다.

"네 발에서 살 냄새가 나는구나."

여우원숭이는 소녀에게 왜 혼자서 숲속에 있는지를 물었고 소녀는 자신의 처지를 설명했다. 그러자 여우원숭이는 그녀를 불쌍히 여겨 마을에서 옷을 훔쳐 그녀를 예쁘게 치장시키고는 양딸로 삼았다. 이후 딸을 위해 마을로 가서 어린아이를 데려와 말동무로 삼게 하고는 이렇게 말했다.

"얘들아, 여기서 잠시만 기다리고 있거라. 내 먹을 것을 구해오마."

여우원숭이가 떠난 후 사냥을 나갔던 북방 지역 족장의 아들이 숲속을 지나다 치오리바라남팡가를 보게 되었다. 족장의 아들은 그녀에게 함께 떠나자고 제안했다. 하지만 그녀가 엄마를 기다려야만 한다고 말하자 그는 실망해서 그곳을 떠났다. 잠시 뒤 남방 지역 족장의 아들이 지나가다 그녀를 아내로 삼겠다며 함께 떠나자는 같은 제안을 했지만, 그녀는 여전히 같은 대답을 했다.

"나의 엄마는 무서운 짐승이랍니다. 나와 이 아이를 제외하고는 모든 것을 먹어치우죠. 당신도 잡아먹히지 않도록 조심하세요."

하지만 족장의 아들은 여우원숭이를 죽여버리겠다고 했다. 그러자 치오리바라남팡가는 그에게 자신을 돌봐준 동물이니 은혜를 베풀어달라고 요청했다. 이틀 동안 함께 머물면서 소녀는 자신의 이야기를 남자에게 털어놓았고 어떻게 동물의 딸이 되었는지를 설명하였다. 이야기를 들은 그는 그것을 죽여야겠다며 자신의 말을 따르라고 소녀에게 동의를 구했다. 그녀가 허락하자 그는 긴 쇠못을 불에 달구어 놓고 저녁이 오기를 기다렸다. 밤이 되어 여우원숭이가 돌아와 잠들자 두 사람은 준비한 쇠못을 짐승의 발에서 입까지 깊숙하게 찔러넣었다. 그때 갑자기 동물의 배에서 소리가 들렸다.

"여보시오. 우리가 죽지 않도록 조심하게나."

이 소리를 들은 남자가 동물의 배를 가르자 그 속에서 사람들이 나왔다. 치오리바라남팡가가 그들에게 말했다.

"죽은 짐승 곁에 있을래요? 아니면 우리를 따라갈래요?"

그들은 두 사람을 따라가겠다고 대답했다. 그녀는 그들에게 각자의 집을 짓고 마을을 만들라고 제안했다. 이후에 모두 함께 죽은 짐승을 땅에 묻었다.

시간이 흘러 치오리바라남팡가가 임신을 하여 아이를 낳았다.

아이가 어느 정도 자라자 부부는 그녀의 부모를 만나러 갔다. 마을에 도착한 그들은 족장의 집에 들어가 가족들과 인사를 나눴다. 그녀를 기억했던 족장의 여동생이 그녀의 남편을 보며 물었다.

"자네는 누군가? 어느 집 아들이고 어디서 왔는가? 이 아이를 어떻게 아내로 맞았는가? 부모님은 누구시고?"

남쪽 지역 족장의 아들은 아내 치오리바라남팡가의 이야기를 해주었다. 그러자 그녀의 가족들은 용서를 구하며 일주일 동안 큰 잔치를 열었다. 많은 소를 잡고 음식을 준비하여 노래를 부르고 춤을 췄다. 잔치가 끝나자 두 부부는 집으로 돌아갔고 치오리바라남팡가의 여동생들은 부끄러워 어쩔 줄 몰라 했다.

베소롱골라

… 벳시미사라카 부족 민담, 안데보란토 지역

세 아들을 둔 족장이 있었다. 첫째의 이름은 '안드리아마토아', 둘째는 '안드리아나이보' 그리고 막내의 이름은 '베소롱골라'라고 불렸다. 형들은 지혜롭고 순종적이었다. 그들은 부모가 원하는 바대로 잘 처신했다. 하지만 막내는 고집이 세고 말을 듣지 않았다. 어느 날, 아버지가 땅을 일구라고 세 아들을 밭으로 보냈다. 두 아들인 안드리아마토아와 안드리아나이보는 바로 출발했으나 막내는 아버지의 말을 따르지 않고 이렇게 말했다.

"우선 놀고 나서 밭으로 갈게요."

이렇게 막내는 아버지가 시킨 일을 수시로 거부했다. 하루는 부모와 두 형제가 막내에게 매우 화를 내며 말했다.

"막내야, 너는 정말로 우리의 말을 안 듣는구나. 부모의 말도 형들의 말도 이렇게 안 듣겠다면 네 맘대로 살 수 있는 곳에 가서 살아라. 오늘부터 너는 우리 아들과 형제가 아니다."

이 말을 들은 막내는 울면서 집을 나가며 이렇게 말했다.

"아빠, 엄마, 형. 나는 그저 노는 걸 좋아할 뿐이에요. 이런 이유로 나를 쫓아내다니 집에서 나가면 어딘가로 가서 죽어버릴 거예요."

"그렇게 하고 싶다면 그래라."

부모와 형들의 대답을 들은 베소롱골라는 길을 가다 매우 높은 산에 도착했다. 산에 오르기 전에 막내는 제법 두꺼운 나뭇가지를 잘라서 산꼭대기까지 들고 갔다. 그곳에서 나뭇가지에 올라타 산 아래 계곡까지 미끄러져 내려갔다. 이렇게 몇 번을 반복하자 재미가 들린 그는 날씨도 상관치 않고 배가 고픈 것도 잊은 채 밤낮으로 이 놀이를 계속했다. 곧바로 그에게 '산 미끄럼쟁이'라는 별칭이 붙여졌다.

베소롱골라가 산에 도착해서 놀고 있던 중 '자바트라'라는 자가 나타나 그에게 말을 걸었다.

"산 미끄럼쟁이야, 너는 왜 그렇게 미끄럼을 많이 타느냐? 밤에도 미끄럼타는 너를 봤으니 정말로 미끄럼타는 것을 좋아하는구나. 먹지도 자지도 않고 날씨가 춥거나 덥거나 따지지 않고 미끄럼타는 것이 왜 그리 좋은지 알고 싶구나."

"안녕하세요. 나는 여기 높은 산에서 밤낮으로 미끄럼타다가 죽게 될 날을 기다리는 거예요. 왜냐하면, 나는 부모님조차 좋아하지 않는 아들이거든요. 그게 내가 미끄럼을 타는 이유예요."

이 말을 들은 자바트라가 놀라서 다시 물었다.

"죽기 위해서 그렇게 미끄럼을 타고 있다고?"

"네. 그래요."

"죽는 것 말고 다른 생각은 안 하느냐?"

"네. 오직 죽을 생각만 하고 있어요."

그러자 자바트라가 잠깐 고민하더니 말을 이었다.

"죽는 것은 잠시 미루고 나랑 같이 사냥을 한 번 해보자."

"아니요. 나는 다른 것을 하고 싶지 않아요."

베소롱골라는 부모님에게 했던 것처럼 고집을 피우며 자바트라의 제안을 거부했다. 하지만 계속되는 그의 집요한 설득에 어쩔 수 없이 사냥에 함께 가기로 했다. 며칠을 걸려 덫을 만들자 자바트라가 와서 말했다.

"네가 두고 싶은 곳에 그 덫을 놓아라. 이후 매일 아침 덫을 확인하면 된다. 덫에 걸린 사냥물을 걷어 낸 후에 다시 미끼를 달아 덫을 놓고 나면 내가 무엇을 잡았는지 물어보마."

베소롱골라는 덫을 놓고 돌아와서 다시 미끄럼을 타고 놀았다. 밤이 되자 자바트라가 찾아와 아침이 되면 약속대로 덫을 논 장소에 가서 뭐가 잡혔는지 확인하러 가라고 말했다. 아침에 덫이 놓인 곳에 간 베소롱골라는 덫에 걸려 퍼덕대는 멋진 새를 한 마리 잡아 왔다. 그리고 다시 미끄럼 놀이를 하러 갔다. 놀이를 끝내고 돌아온 그에게 자바트라가 물었다.

"그래, 오늘 덫에는 무엇이 걸렸더냐? 새라고? 살아있는 새? 이 새의 멋진 깃털은 너를 위한 것이다. 이 깃털로 지금 입고 있는 더럽고 다 망가진 옷을 대체할 옷을 지어 입거라. 내일은 또 어떤 것이 있을지 다시 가보거라."

"네. 그렇게 할게요."

다음 날 아침이 되자 베소롱골라는 덫을 확인하러 갔다. 그리고 덫이 놓인 곳에는 많은 양의 쌀이 있었다. 그는 덫에서 쌀을 꺼내고 다시 덫을 놓고 미끄럼을 타러 갔다. 밤이 되자 자바트라가 와서 무엇을 잡았냐고 물었다.

"쌀이요. 쌀이 엄청 많았어요. 이제 밥을 먹고 건강해질 수 있겠어요."

다음 날, 덫에는 냄비, 토기, 다양한 주방 기구가 놓여 있었고, 그 이후로 많은 종류의 재물이 계속 덫에 걸려 있었다. 심지어는 노예, 소 떼, 많은 돈까지 있었다. 이러한 것들로 베소롱골라는 부자가 되었다. 그래도 그는 미끄럼 놀이를 멈추지 않았다. 그런 그를 보며 자바트라가 말했다.

"베소롱골라야. 너는 이제 부자가 되었다. 더는 아이처럼 행동하지 말아라. 그렇게 놀이에 빠지는 것은 부끄러운 일이란다. 미끄럼 놀이는 그만하고 네가 원하는 것이 무엇인지 말해보아라."

"미끄럼 놀이를 하면서도 나는 부자가 되었어요. 놀이를 그만두지는 않을 거예요. 그리고 이제 아내를 맞이하고 싶어요. 집에 혼자 있는 것은 지루하고 아내가 없는 오두막은 영혼 없는 몸이라는 속담도 있잖아요."

"그렇다면 내일 가서 덫을 살펴보거라."

다음 날, 베소롱골라는 덫에서 아름다운 소녀를 가져왔다. 물론 미끄럼 놀이를 하는 것을 잊지 않았다. 자바트라가 와서 다시 그를 꾸짖었다.

"부자이면서 가정까지 이룬 사람이 그런 놀이에 빠져있다니 부끄럽지도 않으냐? 어서 집으로 돌아가거라. 아내가 기다리고 있지 않느냐?"

이 말을 들은 베소롱골라가 이번에는 순종하며 놀이를 끝냈다. 그는 노예를 시켜 큰 집을 지었고 창고와 소를 위한 우리도 만들게 하였다. 집안 정리가 다 끝나자 소녀가 베소롱골라에게 말했다.

"당신은 나를 여인으로 여깁니까? 누이 아니면 어머니로 여깁니까?"

"나는 당신을 아내로 맞이하고 싶소."

"그렇다면 나는 당신의 아내가 되겠습니다."

이렇게 버려진 두 명의 남자와 여자는 가족이 되어 행복하게 살게 되었다. 그러던 어느 날, 베소롱골라의 어머니가 큰 병에 걸렸다는 소식이 전해졌다.

"족장님과 아드님들께서 어머님이 중한 병을 앓고 있다는 말을 전하라 했습니다. 그분이 돌아가실지 아닐지는 모르지만, 아직 살아계실 때 한 번 뵈러 가는 것이 어떻겠습니까?"

이 말을 들은 베소롱골라가 대답했다.

"아버지와 어머니, 그리고 형제들에게 전해주게. 말을 듣지 않는다는 이유로 나를 내치신 것은 그분들이네. 나는 돌아가지 않을 것이니 잘 계시라고 말이지."

족장의 전령은 베소롱골라의 대답을 듣고 마을로 돌아갔다. 얼마 후, 병이 심해진 그의 어머니는 죽고 말았다. 그의 아버지와 형제들, 그리고 마을 사람들은 어머니의 죽음과 장례식 일정을 그에게 전달하였다.

"나는 가족들에게 돌아가지 않을 거네. 그들에게 가난한 자는 부자와 친하지 않으며 팔린 소는 결코 다시 그 주인의 것이 될 수가 없는 법이네. 나는 숲속 종달새의 자식일지언정 그들의 가족이 아니라네. 내가 부모와 형제를 사랑하지 않는 것이 아니라 그들이 나를 사랑하지 않았다네. 장례식에 참석하지 않겠지만 예식이 잘 끝나기를 바란다고 전해주게."

시간이 지난 후, 이번에는 그의 아버지가 사망했다. 남은 가족들이 장례식에 그를 초대했으나 그는 이번에도 참석을 거절했다. 그러던 어느 날, 한 남자가 맹세를 지키기 위해 잔치를 베풀었다. 베소롱골라도 술과 소고기 요리를 맛보기 위해 잔치에 가기로 했다. 아내와 함께 그가 멋지게 차려입고 잔치에 나타나자 사람들은 족장의 행차라고 말할 정도였다. 북과 장고, 꽹과리 등 다양한 악기가 연주되었고 많은 노래로 주변 산에 메아리가 울렸다. 잔치를 위해 소를 잡고 그 고기로 음식을 만들어 참석한 사람들에게 제공되었다. 참석자들은 술을 마시고 새로운 음식으로 배를 채웠다. 베소롱골라 부부에게는 많은 음식이 제공되었고 기분이 흥겨워진 그는 술을 너무 많이 마셔 정신이 혼미해질 정도였다. 그때 그의 형제들이 다가와 그에게 다정하게 말을 건넸다.

"베소롱골라야! 어떻게 이렇게 부자가 될 수 있었지? 일도 안 하고 장사도 안 하는데 어떻게 부자가 된 거지?"

"그렇지요. 일도 안 했는데 말이지요. 나에게는 자바트라가 있답니다."

그의 말을 들은 가족은 더 많은 술을 마시게 해서 베소롱골라를 더욱 취하게 했다. 그리고 자신들도 부자가 될 수 있게 해달라고 간청했다.

"어떻게 부자가 되었는지 알려달라고요. 사실 특별한 비책이 있는 것은 아니에요. 덫에서 재물들을 구했을 뿐이에요. 내가 가진 모든 재물은 덫을 놓아 얻은 것이죠."

바로 그 순간 베소롱골라가 가진 모든 재물이 사라졌다. 아내는 물론 갖고 있던 재물, 논에 있던 소들도 모두 사라진 것이다. 술에서 깨어났을 때, 그는 아내와 일행을 찾았지만 자신이 혼자라는 것을 깨닫고 집으로 돌아갔다. 집에 도착한 그는 다시 한번 놀랐다. 집 안은 텅텅 비어있었다. 그때 자바트라가 베소롱골라 앞에 나타나 말했다.

"네 일행은 어디 있느냐? 너의 재물은 또 어디 있느냐?"

"모르겠어요. 다 사라졌어요. 잔치에 참여해서 술에 취했는데 형제들이 어떻게 부자가 될 수 있었는지를 말해달라 했어요. 그래서 내가 덫을 놓아 재물들을 구했다고 그들에게 알려줬어요. 내 생각에는 아내와 노예들이 내가 덫을 놓아 그들을 잡았다고 말한 것을 싫어하고 화가 나서 나를 떠난 것 같아요."

"가난했던 너에게 재물을 주겠노라고 약속했음을 기억하겠느냐? 앞으로 네가 신중히 행동한다면 사라진 그것들을 돌려주겠다."

이 말을 들은 베소롱골라가 즉시 대답했다.

"그렇게 할게요. 재물을 다시 찾을 수 있다면 아무것도 말하지 않을게요."

그가 말을 하자마자 갑자기 사라졌던 아내와 노예들, 그리고 재물들이 다시 나타났다. 그날 이후 베소롱골라는 차분하게 생활했다. 얼마의 시간이 지난 후, 자바트라가 다시 와서 그에게 원하는 것이 더 있는지를 물어봤다.

"다른 여자를 더 가졌으면 해요. 부자라면 적어도 두 명의 부인을 가져도 되지 않을까요. 한 명의 여자에게 만족할 수는 없지요."

"그렇다면 남쪽으로 가 보거라. 네가 좋아할 만한 여자를 찾을 수 있을 거다. 내가 주는 이 방법을 잘 따른다면 쉽게 네가 원하는 여자를 얻을 수 있지. 출발하기 전에 쇠파리 한 마리를 대나무 안에 넣어서 가져가고, 잘 익은 바나나를 보거든 먹지 말고 길을 계속 가야 한다."

"네. 그렇게 하겠습니다."

"좀 더 길을 가면 양쪽에 큼지막한 사탕수수가 보일 텐데 만지지 말고 계속 걸어가거라."

계속되는 자바트라의 조언을 듣고 있던 베소롱골라가 공손히 대답하였다.

"네."

"다음으로는 몸 없이 머리만 남은 사람이 물에 그물을 넣는 것을 볼 거란다. 그 사람이 너를 웃기려고 하겠지만, 웃으면 안 된다. 알았지?"

"네."

"좀 더 걷다 보면 사탕수수를 베고 맷돌을 돌리는 몸 없는 다리가 보일 텐데 역시나 너는 웃으면 안 된다. 알겠느냐?"

"네."

"계속 걷다 보면 큰 강 위에 놓인 두 개의 다리를 볼 거란다. 튼튼히 서 있는 다리 밑 모래 위에 의자가 있는데, 그곳의 물은 어두우나 그리 깊지가 않지. 그리고 두 개의 다리 중 하나는 겉은 멀쩡하나 속은 벌레가 먹어 썩었고 그 밑의 강은 무척이나 깊어서 한 번 빠지면 살아나올 수가 없단다. 그러니 강을 건널 때 멋지지는 않아도 튼튼한 다리를 선택해서 건너야 한다. 알았지?"

"네. 잘 알겠습니다."

"강을 건너면 곧 마을이 보인단다. 마을 입구에는 흉측하고 긴 머리의 개가 너를 물듯이 짖어댈 텐데 쫓아내거나 때리지 말아야 한다. 그 개가 바로 네가 원하는 여인의 아버지란다. 알았느냐?"

"네."

"마을에 들어가면 오두막이 있는데 몸이 쇠약한 어린 소녀가 네게 사탕수수 껍질을 벗겨 달라고 부탁할 것이다. 그러면 껍질을 벗겨 그녀에게 주어라. 잘 알겠느냐?"

"네. 잘 알겠습니다."

"그때 대나무에 넣어 가져간 쇠파리를 날려 보내거라. 쇠파리가 소녀에게 앉으면 집주인에게 소녀가 너의 것이라 말해야 한다. 알았지?"

"네."

"네가 그렇게 말하면 집주인이 네게 지팡이를 보여주면서 위아래를 구별할 수 있는지를 물을 텐데, 그때는 지팡이를 밖으로 던져라. 먼저 땅에 닿는 부분이 위가 될 것이니 그렇게 말하거라. 알았느냐?"

"네. 잘 알겠습니다."

"이렇게 쇠파리가 앉은 소녀를 너는 아내로 맞이하게 될 것이다. 그러니 내가 말한 것을 잘 기억해서 그대로 따르도록 해라."

"네. 그렇게 하겠습니다."

여행에 필요한 물건들을 다 준비한 베소롱골라는 마지막으로 쇠파리를 잡아 대나무에 넣고 길을 나섰다. 몇 시간을 걸어가자 밤이 찾아왔다. 하룻밤을 숲에서 보낸 후, 다음 날이 되자 그는 남쪽을 향해 여행을 계속했다. 해가 중천에 뜰 즈음 베소롱골라는 완전히 익은 바나나 나무 옆을 지나게 되었다. 먹은 것이 별로 없어 배가 고픔에도 그는 바나나를 건드리지 않고 계속 걸었다. 잠시 뒤 크고 긴 사탕수수가 나타났다. 목이 말랐음에도 그는 자바트라의 조언을 기억하며 사탕수수를 만지지 않은 채 주먹밥을 먹고 다시 길을 나섰다. 개울가를 지날 때 물속에 그물을 놓고 그를 웃기게 하려는 몸 없는 얼굴을 보았지만 웃음을 짓지 않고 지나갔다. 해가 저물 무렵 몸 없는 다리가 맷돌을 돌리며 자신을 웃게 만들려는 몸짓을 보았다. 하지만 그는 무시하고 자신의 길을 계속 나아갔다. 다시 밤이 지나고 날이 밝았다.

이튿날 그는 일찍 잠에서 깨어나 곧 강가에 도착했다. 두 개의 다리를 보고 망설였다. 잘못 선택한다면 벌레 먹어 썩은 나무의 다리가 무너져 깊은 물에 빠져 죽을 위험에 처하기 때문이었다. 하지만 자바트라의 말을 떠올린 그는 결국은 멋진 다리 대신 초라한 다리를 골랐다. 다행히 튼튼한 다리였고 그는 무사히 강 건너에 도착할 수 있었다. 그는 서둘러 걸어 마을 입구에 이르렀다. 그곳에는 긴 머리를 가진 흉측한 개가 그를 향해 물듯이 달려들며 위협했다. 그것을 아랑곳하지 않은 베소롱골라가 그 앞에 앉자 개가 사람으로 변했다. 두 사람은 서로에게 절을 했다. 베소롱골라는 그에게 아내를 찾아왔다고 말하자 그는 말없이 자리에서 일어나 나갔다. 잠시 후, 쇠약한 어린 소녀가 들어와 그에게 말했다.

"제가 가진 사탕수수 껍질을 벗겨 주실래요?"

그가 사탕수수 껍질을 벗겨 그녀에게 건네주었다. 이후 쇠파리를 대나무에서 꺼내 놓았다. 쇠파리는 날아가 소녀의 코에 앉았다. 그러자 소녀의 모습이 매우 아름답게 변모했다. 그러자 소녀의 아버지가 나와 지팡이를 그에게 보여주며 위아래를 맞춰보라고 제안했다. 베소롱골라는 지팡이를 살펴본 후 밖으로 던지고 먼저 땅에 닿은 부분이 아래라고 말했다. 그러자 소녀의 아버지가 말했다.

"이제 이 아이는 당신의 아내요. 데려가도 좋소."

베소롱골라는 어렵게 얻은 소녀를 데리고 떠났다. 그가 집에 돌아왔을 때, 자바트라가 나타나 말했다.

"이제 네가 원하는 것을 모두 가졌다. 이제 좋은 시간을 보내라.

새로 맞은 부인을 '라마로자바파디아나'로 부르거라. 이 이름에는 네가 그녀를 얻기까지 많은 욕망을 억누른 의미가 담겨있단다."

얼마 후, 베소롱골라의 형제가 그를 찾아와 어떻게 재물을 되찾고 두 번째 부인을 얻었는지를 물었다. 그들에게 베소롱골라가 대답했다.

"당신들의 욕망을 억누를 수 있다면 내가 얻은 것을 가질 수 있을 겁니다."

"우리도 할 수 있으니 무엇을 해야 할지를 알려주게."

그러자 베소롱골라는 자바트라가 자신에게 조언했던 모든 내용을 형제들에게 반복해서 알려주었다. 문제는 두 형이 알려준 대로 따라 하지 않았다는 점이다.

두 형제는 여행 준비를 하고 길을 나섰다. 그들이 처음 마주친 것은 바나나 나무였다. 나무의 주변을 둘러보니 바나나 껍질이 있었고, 이를 본 형제는 생각했다.

"우리 막내는 멍청하군. 아니면 우리를 속이려 했는지 몰라. 그녀석이 먹고 버린 바나나 껍질이 있잖아. 그러면서 우리에게는 아무것도 가져가지 말라고 말하다니."

형제는 바나나를 잔뜩 모아 바구니에 담았다. 그리고 사탕수수도 담아 여행 내내 먹거리로 삼았다. 강물에 그물을 던지는 몸 없는 머리를 보면서 웃었다. 그러자 머리가 그들에게 소리쳤다.

"나를 비웃다니 너희가 무엇을 해서 성공할지 지켜보마."

맷돌을 돌리고 있는 다리를 보던 형제는 더 크게 웃었다. 자신들이 보고 겪었던 신기하고 재미있는 일을 가족들에게 전하겠다는 말도 했다. 두 다리가 놓여 있는 강에 도착한 형제는 다시 한 번 막내를 비웃었다.

"이 영악한 녀석이 우리를 물에 빠트려서 골탕 먹이려고 했군. 아름다운 새가 앉아 노래하는 이 멋진 다리를 놔두고 저 초라한 다리를 통해 강을 건너라고? 우리가 바보인 줄 알았나 보네."

그래서 형제는 멋진 다리를 선택하여 걸음을 옮겼다. 그러나 몇 걸음도 옮기기 전에 다리는 무너졌고 깊은 물로 빠져버렸다. 다행히 두 형제는 헤엄쳐 건너편 강둑에 이를 수 있었다. 물에 온통 젖은 옷을 말린 후 형제는 다시 길을 나섰다. 힘겹게 마을에 도착한 그들은 자신들을 향해 짖는 개를 몽둥이로 때렸다. 개가 멀리 달아나자 쇠약한 소녀가 나와 그들에게 사탕수수 껍질을 벗겨달라고 요청했다. 그러자 형제가 차례대로 말했다.

"사탕수수 껍질을 벗길 수가 없어요."

형제는 자신들의 손이 아파서 껍질을 벗기지 못한다고 대답하자 소녀의 아버지가 나타나 지팡이를 건네주며 시험에 응할 것을 제안했다. 형제는 지팡이를 던져 답을 찾았지만 옳은 답이 아니었다. 그러자 소녀의 아버지는 마을 사람들을 시켜 마을 동쪽에 있는 작은 물웅덩이로 형제를 데려가 몸을 닦아주라고 명령했다. 물에 젖은 형제는 얼마 뒤 개로 변했다. 둘은 변한 자신들의 몸이 부끄러워 자신들이 살던 마을로 서둘러 도망쳤다.

집에 도착한 형제는 아내와 아이들에게 꼬리를 흔들며 자신들의 존재를 알려주려 했으나, 가족들은 개를 기르는 것을 원하지 않아 집에서 쫓겨났다. 오늘날의 개들은 이 두 형제의 후손이라는 설이 있다. 개가 사람을 그토록 따르는 것은 개의 조상이 원래 사람이었기 때문이라는 것이다. 그리고 그 형제들이 눈에 보이는 것을 다 먹었던 까닭에 오늘날 개들도 아무거나 다 먹으려고 한다는 이야기가 전해진다.

파랄라이

··· 마로포치 부족 민담, 차라타나나 지역

한 부부에게 세 명의 아들이 있었다. 불행히도 막내 '파랄라이'는 몸이 불편했다. 너무 늙어 생계를 꾸릴 수 없었던 두 사람은 이제는 튼튼한 두 아들에게 이렇게 말했다.

"얘들아. 너희를 더 키우기에는 우리가 너무 늙었구나. 이제 너희도 다 컸으니 이 집안을 책임지려무나. 그럴 수 있겠지?"

"당연히 그렇게 할게요. 하지만 막내 녀석을 우리가 부양할 수는 없습니다. 막내는 두 분이 알아서 키우세요."

부부는 두 아들이 하는 말을 듣고 슬퍼하며 그들에게 부탁했다.

"얘들아. 그 녀석이 몸이 불편한 것을 알고 있지 않니."

"잘 알지요. 그래도 더 말씀하지 마세요. 우리 형제가 두 분을 모시기를 바란다면 막내는 집에서 내보내세요."

부부는 너무 당황스러워했다. 자식을 버린다니. 어찌 그럴 수 있단 말인가? 하지만 막내를 보호한다면 세 사람은 굶어 죽을 수밖에 없으리라. 어쩔 수 없이 부부는 막내 파랄라이를 집에서 내보낼 것을 결정했다. 과거 부부는 재산의 삼분의 일씩을 세 아들에게 주려 했었다. 붉은 황소와 붉은 수탉이 막내의 몫이었다. 이렇게 파랄라이는 자신의 몫을 들고 집에서 나왔다. 그리고 마을 끝에 있는 숲 근처에 허름한 오두막을 짓고 살았다.

하루는 오두막 문 앞에 사람들이 나타나 파랄라이를 보고 싶어 했다. 그는 집으로 그들을 들이고 자리에 앉게 했다. 파랄라이가 키우는 황소를 사러 온 그들에게 그는 자신의 처지를 설명했다.

"나는 그저 이름만 있을 뿐이에요. 몸이 이래서 그 어떤 일도 할 수가 없지요. 누워있는 것이 힘들어지고 난 뒤에야 자리에서 일어날 정도랍니다."

황소를 구하던 사람들은 파랄라이의 말을 듣고 자신들의 주인 인 족장의 집으로 돌아가 불행한 파랄라이의 상황에 대해 설명했 다. 그러자 족장이 말했다.

"나 또한 예전에는 불행했었다. 그 친구만큼 몸이 불편하지 않 았지만 말이다. 이 가엾은 남자를 찾아 데리고 오라."

부하들이 파랄라이를 데려오자 족장은 그에게 나무로 된 멋진 집을 지어주고 황소와 수탉을 위한 우리도 만들게 하였다. 그러던 어느 날, 노예 상인이 족장을 찾아와 그에게 붉은 황소와 붉은 수 탉을 노예와 교환하지 않겠냐고 물었다. 족장이 그에게 대답했다.

"나는 그런 가축이 없소. 하지만 저기 북쪽에 보이는 집으로 가 보시오. 당신이 찾고 있는 것을 찾을 수 있을게요."

상인은 파랄라이에게 가서 노예를 주고 붉은 황소와 수탉을 가 져갔다. 얼마 후 파랄라이의 노예가 콩으로 요리를 만들어 주인에 게 가져와 먹게 한 뒤에 말했다.

"나무 위로 올라가 보세요."

"내가 몸이 불편한 것을 알면서 나무에 올라가라니 나를 놀리는 거냐?"

"알고 있지요. 나무에 올라가 보세요. 그러면 당신의 몸은 곧 나을 겁니다."

이 말을 들은 파랄라이는 나무에 오르기 시작했다. 그가 나무의 반 정도를 올라갈 즈음 힘이 빠진 그는 나무 아래로 떨어지려 했다. 그 순간 노예는 주인의 발 바로 밑에 창을 찔러 넣었다. 깜짝 놀란 파랄라이는 자신도 모르게 나무 꼭대기까지 올라갔다. 그러자 이번에 노예는 나무 밑으로 내려오라고 요청했다. 주인이 주저하자 노예가 이번에는 도끼로 나무를 찍어내기 시작했다. 불구의 파랄라이는 높은 나무에서 재빨리 내려왔고 그제야 자신의 몸이 정상적으로 치료되었음을 알게 되었다. 그날 이후, 파랄라이는 강하고 튼튼한 몸을 갖게 되었다. 주인이 씩씩해지자 노예는 요리를 하나 만들고 먹게 한 뒤 다시 말했다.

"오늘 우리가 먹을 것이 이것밖에 없네요. 내일 먹을 것을 사냥해야 하니 덫을 만들어보죠."

올가미가 다 준비되자 노예는 주인에게 다시 말했다.

"이 덫을 연못가에 놓아두세요. 그리고 잡힌 것이 그 무엇이든 가져오세요."

파랄라이는 노예의 말을 따랐다. 그는 연못가에 덫을 놓고 기다렸다. 한동안 한 마리의 새도 잡지 못했다. 한참 뒤에 덫에 빗자루가 하나 걸리자 그는 그것을 노예에게 가져다주었다. 그리고 다시 연못가로 돌아가 덫을 놓고 기다렸다. 이번에는 혼자서는 씻을 수 없을 만큼 커다란 상자가 덫에 걸렸고 그 안에는 두 명의 어린 소녀와 야생 오리가 담겨있었다. 그는 잡은 것을 집으로 가져갔다. 주인과 노예는 소녀를 한 명씩 선택해 아내로 삼았다. 주인이 먼저 더 예쁜 여인을 노예에게 건네주고 다른 소녀를 선택했다. 그러자 노예가 말했다.

"고르신 소녀는 주인님과 같이 귀한 분이랍니다."

이 말을 들은 소녀가 두 사람에게 말을 건넸다.

"우리가 머물 수 있는 넓은 장소를 찾아주세요. 지금 사는 이곳은 좋은 장소가 아닙니다."

파랄라이는 두 소녀와 집에 남고 노예가 새집을 지을 장소를 찾아 나섰다. 노예는 길을 나선 후 곧바로 마을 동쪽에 있는 넓은 평원을 발견하고 기뻐하며 돌아왔다. 네 사람은 상자를 챙겨서 길을 나섰다. 노예는 빗자루를 여인은 야생 오리를 챙겼다. 새로운 장소에 도착하자 그들은 상자를 부쉈다. 그러자 그 속에서 사람들과 소, 양, 거위들이 쏟아져 나왔다. 수많은 짐승의 울음소리를 들은 마을 사람들은 무슨 일이 일어났는지 궁금해서 하인들을 보냈다. 족장도 하인을 보내 상황을 알아보게 했다. 잠시 후, 하인들이 돌아와 파랄라이가 건강해졌고 많은 재물을 갖고 있다는 사실을 족장에게 전했다.

그날 이후, 어디서나 사람들은 파랄라이의 재물에 관해 이야기했다. 그에 대한 소문은 마침내 그의 부모님의 귀에 들어갔다. 그리고 마을 사람들은 자신을 낳아준 부모를 찾아가 보라고 전했다.

그러자 파랄라이가 대답했다.

"네. 찾아뵐게요. 많은 사람과 함께 갈 것이니 음식을 많이 준비해야겠네요."

그러자 그의 노예가 말했다.

"주인님, 제가 대신 가 볼 테니 여기 계세요. 주인님 가족이 술을 많이 마시게 해서 어떻게 부자가 되었는지 꼬치꼬치 물어볼까 두렵네요. 덫을 놓아 주인님이 부자가 된 것을 그들이 알게 되면 우리는 예전보다 더 가난해질 수 있거든요."

"아니다. 내가 가마. 가서 아무 말도 안 하면 되지 않겠어."

노예의 조언을 듣지 않고 파랄라이는 많은 노예와 아내를 데리고 길을 나섰다. 그들이 부모의 집에 도착했을 때, 그의 아내는 집으로 들어가기를 거절했다. 홀로 집에 들어가 가족들의 대화가 시작되고 나서 얼마 후, 형제들이 파랄라이에게 물었다.

"막내야. 도대체 너는 어떻게 부자가 되었는지 말해봐라."

파랄라이는 대답을 하지 않았다. 그러자 가족들이 그에게 술을 마시게 했고 취한 그는 결국 이렇게 대답했다.

"나는 덫을 놓아 부자가 됐어요."

이 말을 하자마자 함께 있던 노예, 여인, 모든 재물이 사라졌다. 파랄라이가 말하면 안 되는 금기를 범했기 때문이었다. 자신이 입고 있던 옷마저 사라지고 예전에 걸쳤던 누더기를 입고 있는 모습에 수치심을 느낀 그는 집에서 빠져나왔다. 그가 돌아오자 노예는 왜 약속을 지키지 않았느냐며 그를 비난했다. 하지만 잠시 후에 파랄라이를 위로하며 말했다.

"내 말을 끝까지 따른다고 약속하면 주인님의 부인과 재물이 다시 돌아올 것입니다."

"내 처지가 나아진다면 나는 무슨 일이라도 할 수 있네. 내가 뭘 해야 하는지만 알려주게."

"잠시 후에 동쪽으로 출발하세요. 가다 보면 폭포가 나올 겁니다. 절대 폭포 옆으로 가면 안 되고 폭포 속으로 직진해야 합니다. 그러면 바나나 나무들이 보일 겁니다. 덜 익은 바나나만 골라 드세요. 목이 마르면 깨끗한 물이 아닌 더러운 물을 마시세요. 이후 주인님을 잡아먹으려는 커다란 동물과 마주칠 텐데 손만 써서 부디 잘 도망치세요. 다음엔 줄에 매달린 해골을 마주치면 이렇게 말하세요. '큰 남자가 어린 꼬마에게 웃음을 짓는다.' 내가 설명한 대로 잘할 수 있겠지요?"

그러자 파랄라이가 노예에게 말했다.

"걱정하지 말아라. 네가 말한 바대로 똑같이 하마."

파랄라이는 곧바로 집을 나섰다. 노예가 말한 바대로 곧 폭포에 도착한 그는 직진해서 폭포를 쉽게 지나쳤다. 이후 개울물을 건너 바나나 나무에서 익지 않은 초록색 바나나만을 골라 먹었다. 마침내 파랄라이는 아내가 살았던 마을에 이르렀다. 마을에 사는 노인이 그에게 물었다.

"젊은 친구, 여기에 왜 왔는가?"
"아내를 찾으러 왔습니다. 어르신. 그런데 밤이 되었네요. 혹시 하룻밤 묵을 수 있겠습니까?"

"그런데 부인을 어디서 찾으려 하는가? 그리고 왜 찾고 있나? 부인을 잃어버렸는가?"

"그녀가 어디로 갔는지 알 수가 없네요."

파랄라이는 자신의 이야기를 처음부터 끝까지 노인에게 설명했다. 그러자 노인이 말했다.

"걱정하지 마시게. 젊은이. 부인을 찾을 수 있을 거야. 그런데 내가 일구지 못한 논이 좀 있다네. 이곳 젊은이들은 다들 자기 논을 일구기 바쁘고 나는 늙어서 아무 일도 할 수가 없어. 그러니 어떻게 내 논을 대신 좀 일구어 줄 수 있겠는가? 대신 내가 자네 부인을 찾아주겠네. 논이 조금 넓긴 하지만 자네라면 충분히 일굴 정도라네."

"알겠습니다. 저를 그곳으로 안내해주세요."

노인은 파랄라이를 데리고 자신의 논으로 갔다. 논에 도착하자 그는 노인에게 돌아가시라고 말했다. 노인이 돌아가자 그는 울기 시작했다. 멧돼지 몇 마리가 와서 그에게 왜 울고 있느냐고 물었다. 멧돼지가 다가오자 파랄라이가 말했다.

"나 혼자서는 이 넓은 땅을 다 일굴 수가 없어서 울고 있어."

"걱정할 필요 없지. 우리가 도와주면 오늘 다 끝낼 수 있어."

멧돼지들은 주둥이로 땅을 파기 시작했고 넓은 논이 순식간에 다 일구어졌다. 파랄라이는 멧돼지들에게 먹을 것을 주고 돌아갔다. 마을로 돌아온 그는 노인에게 보여준 논을 다 일구었다고 말했다. 그러자 노인이 말했다.

"그래, 잘했군. 그런데 진주목걸이가 이 강에 떨어졌지 뭔가. 자네 부인을 얻으려면 그것들을 찾아야 하는데, 할 수 있겠나?"

이 말을 들은 파랄라이는 다시 울기 시작했다. 지나가던 물오리가 나타나 왜 울고 있는지를 물었다. 그는 이렇게 대답했다.

"내가 여기까지 오면서 깨끗한 물은 마시지 않고 더러운 물만 마셨어. 목욕할 물이 부족할까 봐 그랬거든. 그런데 이 강에 진주목걸이가 떨어져서 찾을 수가 없어. 그것이 있어야 내 아내가 돌아오는데 어떡하면 좋지."

"걱정할 필요 없어. 내가 대신 찾아줄게."

그리고 물속으로 뛰어든 물오리는 잠시 후에 청록색 진주목걸이를 찾아와 그에게 건네주었다. 파랄라이는 목걸이를 들고 노인을 찾아가 돌려주었다. 노인이 다시 말했다.

"잘했네. 그런데 한 줌의 쌀을 이 웅덩이에 빠트렸지 뭔가. 이것을 꺼내주면 내 자네 부인을 찾아주겠네."

"그러겠습니다."

파랄라이는 노인이 빠트린 쌀까지 찾아주면서 모든 시험을 다 끝냈다. 그러자 그의 재산과 아내가 다시 그에게로 돌아왔다. 아내는 그를 다시 보자 매우 기뻐하였다. 하지만 그녀는 완전히 파랄라이의 소유가 아니었다. 왜냐하면, 마지막 시험이 남아있었기 때문이었다. 노인이 그에게 말했다.

"자, 이제 마지막 시험이네. 내게는 많은 소가 있는데 그중에서 가장 먼저 태어난 소를 찾아보게나."

그 말을 들은 파랄라이는 어떻게 그 소를 찾아야 할지 걱정이 되어 눈물을 흘리며 울었다. 그때 그의 노예가 나타나 그를 안심시키며 말했다.

"잘 보세요. 내가 소 떼 속에 숨어서 이 막대기로 소들을 차례로 찌를 때 껑충 뛰는 소가 가장 나이든 소랍니다."

노인이 소들을 모아 놓고 이제 골라보라고 제안했다. 파랄라이가 소 떼 곁으로 다가가 살펴보던 중 한 소가 껑충 뛰며 움직이자 그는 그 소를 지목하였다. 이를 지켜보던 노인과 마을 사람들은 파랄라이를 칭찬하며 말했다.

"잘했네. 이제 집으로 와서 자네 부인을 데려가게나."

파랄라이는 노인의 집으로 들어갔다. 그런데 그곳에는 서로 똑닮은 두 여인이 있었는데 바로 엄마와 딸이었다. 이를 보자 그는 방이 너무 덥다며 곧바로 밖으로 나왔다. 마당에 나온 그는 이전과 마찬가지로 울기 시작했다. 파리 한 마리가 그에게 무슨 일이냐고 물었다. 파랄라이는 자신이 해야 할 일을 말해주었다.

"걱정하지 마. 내가 어디로 날아가는지 잘 봐. 내가 너의 부인이 될 사람의 이마에 앉을 테니."

이 말을 들은 파랄라이는 안심하며 방으로 들어갔다. 파리가 젊은 여인의 이마에 앉는 것을 본 그가 큰소리로 외쳤다.

"이 사람이 나의 아내입니다."

마침내 그는 자신의 아내를 되찾게 되었다. 그의 아내는 하녀를 불렀고 세 사람은 모두 집을 향해 출발했다. 그들이 떠나기 전에 소녀의 부모는 파랄라이에게 말했다.

"이제 우리 딸은 완전히 자네의 아내라네. 다시는 헤어지지 말고 잘 살게나."

그들이 집에 도착했을 때 두 사람이 가졌던 모든 것이 그대로 있는 것을 발견했다. 파랄라이의 부모와 형제는 그들 부부가 집에 온 것을 알고 다시 집에 찾아오라고 요청했다. 그는 찾아간다고 대답하고 잔치를 준비시켰다. 아내와 많은 노예를 데리고 부모의 집에 도착하자 이번에도 사람들은 그에게 술을 권했다. 주는 대로 마신 그는 다시 술에 취했다. 부모와 형제는 어떻게 그가 다시 부자가 되었는지를 물었다.

"내 재산과 아내, 내 노예들은 덫을 통해 얻었지요. 이들은 나를 사랑하고 나 역시 이들을 오래도록 사랑할 겁니다. 그 누구도 우리를 떨어트릴 수 없어요."

이 말을 가족들에게 하자마자 파랄라이의 형제는 그 마을에서 사라져버렸다. 그들은 어두운 숲에서 절망하며 평생을 헤매게 되었다.

꼬리를 가진 형제들
… 메리나 부족 민담, 안코로나 지역

공주로 태어난 세 명의 자매가 있었다. 이들은 꼬리를 가진 남자와 결혼하지 않겠다고 결정했다. 이 소식을 들은 세 형제가 꼬리를 감춘 채 세 자매에게 청혼하러 왔다. 형제는 화려한 옷을 입고 꼬리를 숨기기 위해 화려한 외투를 걸쳤다. 그들은 왕 앞에서 아주 먼 곳에서 공주와 결혼을 위해 왔노라고 말했다. 아름다운 세 공주에 반한 자신들 역시 세 명의 형제라고 소개했다. 왕은 형제들에게 공주들과의 결혼을 허락하였다.

세 자매는 하녀와 함께 세 남편을 따라 그들이 사는 곳으로 떠났다. 하녀의 이름은 '이비트리카'라고 불렸다. 이들 형제의 집은 공주들이 살던 왕궁에서부터 멀리 떨어져 있었다. 그들의 집은 큰 바위 밑에 있는 동굴이었다. 바위 아래에 도착한 그들이 세 자매에게 말했다.

"이곳이 우리 집입니다. 여기서 잠시 기다려주세요. 나가서 사냥을 해오겠습니다."

사냥을 끝낸 세 형제는 많은 양의 꿀과 통통한 장어를 가져왔다. 그들은 잡은 사냥물을 세 자매와 하녀에게 먹여 통통하게 살찌게 한 후 잡아먹을 생각을 했다. 세 형제는 매일 사냥을 나갔고 많은 사냥감을 가지고 돌아왔다. 아내들의 덩치가 커지고 뚱뚱해지자 곧 잡아먹을 수 있다는 생각에 형제는 바위 위로 올라가 신나게 춤추었다. 당시 아내들은 잠을 자고 있었다. 세 형제는 꼬리로 서로의 몸을 치고 춤을 추면서 노래를 불렀다.

"여기 있는 소년들이 여인들을 찾는다. 그녀들은 아니라고 말하네.

저기 있는 소년들이 여인을 찾는다. 그녀들은 예라고 말하네. 그런데 우리가 짐승이 아니라면 누구지?"

형제들이 이렇게 노래하며 춤출 때 하녀인 이비트리카는 깨어 있었다. 그녀는 세 형제의 노래를 들었다. 아침이 되자 그녀는 세 자매에게 말했다.

"공주님들의 남편들이 밤에 이상한 노래를 불렀어요."

저녁이 되자 세 형제는 그 전날처럼 커다란 꼬리를 치면서 노래했다. 하녀는 공주들을 깨워 남편들의 노래를 듣게 했다. 그녀들은 자신들이 짐승과 결혼했다는 것을 알고 두려워했다. 다음 날, 남편들이 여느 때처럼 사냥을 나서자 세 여인은 바나나 나무 세 그루를 베어 돗자리를 만들어 자신들의 침대에 사람처럼 만들어 놓고 도망쳤다. 사실 그날 세 짐승은 사냥 후 그녀들을 잡아먹을 생각이었다. 형제들이 집에 도착했을 때, 여자들은 침대에 누워 자고 있었다. 형제 중 하나가 큰 이빨로 여자 하나를 물었으나 피가 흐르지 않고 살이 매우 단단하고 맛도 없었다. 게다가 먹다가 이빨이 부러져서 매우 놀랐다. 다른 형제도 자신들의 몫에 몸을 던져 먹으려다가 자신들이 모두 바나나 나무의 밑동을 먹고 있음을 알아차렸다.

　형제들은 아내들을 되찾기 위해 그녀들의 아버지가 사는 마을로 출발했다. 그런데 공주들은 무사히 도착했으나 집으로 곧장 돌아가지 않았다. 예전에 세 자매는 우물 근처 나무들 사이에 숨는 놀이를 하곤 했었다. 왕의 하인이 물을 긷기 위해 왔다가 물에 비치는 세 자매 중 하나의 모습을 보고 말했다.

　"나는 하녀로 살기에는 너무 이쁜 것 같아."

　하지만 물을 뜨자 그 모습은 사라졌다. 세 자매는 이를 보고 웃기 시작했다. 하녀는 눈을 들어 나무 사이에서 그녀들을 알아봤다. 놀란 그녀는 즉시 왕에게 달려가 소식을 알렸다.

　"공주님들이 돌아왔어요. 우물 근처 나무 사이에 숨어있어요."

　이 말을 들은 왕은 부하들에게 많은 수의 소를 죽여 사체를 왕궁 문에서부터 우물까지 늘어놓으라고 명령했다. 그래서 세 자매는 땅을 밟지 않고 집으로 돌아왔다. 왕은 그녀들이 왕궁에 있음에도 냄새가 나지 않도록 한 것이다. 딸들은 아버지에게 자신들의 남편들이 사람이 아니라 짐승이라는 사실을 이야기했다. 바로 그때 꼬리를 가진 세 형제가 도착했다. 처음에 왔을 때와 마찬가지로 화려하게 옷을 입고 외투 속에 꼬리를 감춘 채 그들은 왕에게 말했다.

　"아내들을 찾으러 왔습니다. 우리가 따님들을 잘 보살폈음에도 아무런 말 없이 집을 떠났기에 이렇게 놀라서 찾아왔습니다."

　"그렇군. 멀리서 찾아온 그대들에게 맛있는 요리를 대접하겠네.

함께 가서 즐기게나. 내일이면 아내들과 함께 집으로 돌아갈 수 있을 것이네."

　이 말을 듣고 안심한 세 형제는 마음껏 먹고 마셨다. 왕은 이들에게 술을 통째로 제공했다. 곧 세 형제는 술에 취해 자신들의 꼬리를 감추지 않았다. 이 순간을 노려 왕은 그들을 죽이라고 명령했다. 거리낄 것 없이 부하들은 그 짐승들을 죽였다.

　이날 이후 사람과 꼬리가 있는 족속들 사이에는 질투가 사라졌다고 전해진다. 그리고 두 부족은 서로를 배우자로 맞이하게 되었다고 한다.

노파와 겁이 많은 괴물
… 타나라 부족 민담, 파라팡가나 지역

족장의 요리사인 노파가 마을에서 멀리 떨어진 샘에 물을 길으러 갔다. 우물가에 도착했을 때 그녀는 커다란 동물이 우물 쪽으로 달려오는 소리를 들었다. 겁이 난 그녀는 급히 마을로 도망쳤고 족장의 오두막에 이르자 힘이 다해 쓰러지고 말았다. 사람들이 그녀에게 다가와 몸을 일으켜주며 물었다.

"무슨 일이에요? 왜 이렇게 놀란 거예요?"

그러나 겁에 질린 노파는 말을 할 수 없었다. 그때 족장이 나와 그녀에게 말했다.

"우리가 있으니 이제 말을 해 보거라. 무슨 일이 있었느냐?"

"족장님. 오두막보다 더 큰 괴물이 나를 잡아먹으러 쫓아왔어요. 거의 마을 근처까지 쫓아왔답니다."

"말도 되지 않는 소리를 하고 있구나. 그렇게 커다란 동물이 있다니! 네 말을 믿을 수 없구나."

"족장님. 정말입니다. 제 말을 못 믿으신다면 부하들을 무장시켜 괴물을 찾아보라고 하세요."

"그래? 그렇게 하마. 하지만 네가 하는 말이 거짓이라면 죽음을 면하지 못할 것이다."

족장은 노파의 말을 확인하기 위해 사람을 보냈다. 부하들이 곧 돌아와서 족장에게 보고했다.

"족장님. 정말 커다란 괴물이 있습니다. 곧 이곳으로 올 겁니다."

그와 동시에 사람들이 외치는 소리가 들렸다.

"괴물이다. 괴물이 마을에 나타났다."

왕은 괴물을 막으라고 소리쳤다. 하지만 괴물은 병사들의 옷과 무기를 삼켜버렸다. 그리고 마을로 들어와 왕은 물론 살아있는 모든 것을 파괴했다. 오직 철로 된 집에 피신한 임산부만이 살아남았다. 괴물은 쇠 집 근처에 웅크리고 앉아 이 여인이 나오길 기다렸다. 하지만 그녀는 그곳에 머물렀다. 그리고 얼마 후, 쌍둥이를 낳았다.

아이들이 자라자 여인은 그들에게 말했다.

"절대 이 집 밖으로 나가지 말아라. 마을 사람 전부를 잡아 죽인 괴물이 아직도 밖에서 우리를 잡아먹으려고 기다리거든."

"무서운 괴물이 어디 있는데요?"

"이 집 마당에 있단다."

그러자 두 형제는 매우 예리한 칼로 무장하고 괴물과 싸우러 나갔다. 괴물이 형제를 보자 그들을 삼키려고 다가왔지만, 두 형제가 칼로 그 머리를 베어 괴물을 죽여버렸다. 이를 본 여인은 괴물에게서 살아남아 흩어진 사람들에게 소식을 전하러 나갔다. 괴물이 죽은 것을 축하하기 위해 모인 사람들이 말했다.

"괴물의 배 속에 무엇이 들어있는지 갈라봅시다. 우리 마을을 파괴하고 많은 사람을 해친 괴물에게 복수하자고요."

괴물의 배를 가르자 그 속에는 괴물이 삼킨 모든 것이 나왔다. 남자와 여자, 아이들과 동물들이 아직도 살아 있었다. 그런데 왕은 찾을 수 없었다. 실망한 사람들은 왕이 없음에 아쉬워했다. 그때 파란 뻐꾸기가 날아가면서 울었다.

"작은 발톱을 봐요, 작은 발톱을 보세요."

이 소리를 들은 사람들이 괴물의 작은 발톱을 자르자 그 속에서 살아있는 왕을 발견했다. 왕은 괴물의 배 속에서 살아나온 모든 사람을 소집하여 그들을 치하하며 말했다.

"우리가 아직도 살아있는 것은 우리를 꺼내준 이 쌍둥이 형제 덕분이다. 이들에게 내 권력을 물려주겠다. 만일 이들이 괴물을 죽이지 않았다면 우리는 여전히 죽은 사람처럼 괴물의 배 속에 갇혀있었을 것이 아닌가? 더욱이 파란 뻐꾸기가 아니었다면 나 역시 너희들과 함께 이 생생한 공기를 맡지 못했을 것이다. 앞으로 파란 뻐꾸기를 잡아먹지 못하도록 하라."

"네. 그렇게 하도록 전하겠습니다. 우리도 두 형제가 그런 보상을 받는다니 기쁘기만 합니다. 괴물의 뱃속에서 벗어날 수 있었던 것은 이 두 사람 덕분이니까요."

하지만 시간이 지나자 왕은 자신이 했던 약속을 잊어버리고 왕의 권력을 두 형제에게 물려준다던 약속을 지키지 않았다. 전쟁이 일어나 사람들이 두 형제를 도와 마을을 지켰고, 그 사이 왕은 죽고 말았다. 이때부터 사람들은 맹약을 존중하였다고 한다.

일곱 개의 머리를 가진 뱀

··· 벳시미사라카 부족 민담, 안데보란토 지역

어느 마을에 딸 하나와 아들 둘, 세 명의 아이를 가진 부부가 살았다. 그들의 딸이 결혼해서 멀리 떠난 후, 한 아들이 일곱 개의 머리를 가진 뱀으로 변했다. 이 뱀은 부모를 포함하여 마을 사람 전부를 집어삼켰다. 오랜 시간이 지난 후, 결혼한 딸이 부모님이 보고 싶어 남편에게 친정집의 소식을 알아 오라고 부탁했다. 남편이 아내의 마을 근처에 도착했을 때, 그는 마을에 사람이나 동물의 소리가 들리지 않고 조용한 것에 놀랐다. 이상함을 느낀 그는 집으로 돌아가고 싶었으나 아내의 부탁을 기억하며 마을 입구까지 다가갔다. 그곳에서 그는 머리가 일곱 개 달린 거대한 뱀을 보았다. 그를 본 뱀이 소리쳤다.

"처남, 왔어요. 밥을 같이 먹어요. 잠깐 기다리세요. 내가 물을 뜨러 갔다 올게요."

사실 뱀은 밥을 할 생각이 전혀 없었다. 단지 밥을 먹인 후 처남을 잡아먹을 생각이었다. 뱀이 물을 뜨러 간 사이, 불안했던 남자는 다른 마을로 가버렸다. 뱀이 돌아왔을 때 집에는 아무도 없었다. 매우 화가 난 뱀은 킁킁거리며 동쪽을 찾았지만 아무 냄새도 맡을 수 없었다. 다시 서쪽을 향해 냄새를 맡아 보았지만 역시 흔적이 없었다. 마침내 남쪽에서 처남의 냄새를 확인한 뱀은 곧바로 추적을 시작했다. 잠시 후 뱀은 그를 따라잡았다. 뒤쫓는 뱀을 발견한 남자는 높은 커다란 바위 위로 올라갔다. 바위의 표면은 매우 미끄러웠다. 바위 위로 갈 수 없었던 뱀은 그 바위 밑을 갉아먹기 시작했다.

그런데 이 남자는 훌륭한 멧돼지 사냥꾼이었기에 백여 마리의 개를 키우고 있었다. 남자는 자신을 따르는 대장 개인 '미안고로밀라'를 소리쳐 불렀다.

"미안고로밀라, 나를 구하러 이리로 오너라."

그것을 본 뱀이 말했다.

"아하, 처남은 정말 노래를 잘하시네요. 이제 내려오세요. 가서 밥을 같이 먹어요."

"잠깐 기다려보게. 내가 할 말이 있다네."

남자는 다시 개의 이름을 불렀다. 얼마 후 대장 개를 선두로 많은 개가 나타났다. 큰 먼지구름이 길을 따라 생기는 것을 본 뱀은 비가 오는 줄로 생각했다. 개들이 가까이 오자 뱀이 말했다.

"고마워요, 처남. 내 먹이를 오게 해줘서."

남자가 다시 말했다.

"얘들아, 어서 와서 이 뱀에게서 나를 구해주렴."

그 순간 백 마리의 개가 뱀을 향해 달려들어 갈가리 찢어버렸다. 뱀의 뱃속에서 사람들과 동물들이 산 채로 나왔다. 사람들은 고맙다고 말하며 그와 함께 큰 바위 위에 올라앉았다. 하지만 남자는 아내의 가족을 찾지 못했다. 그때 지나가는 새가 남자 위를 날면서 노래했다.

"손끝을 보세요. 손끝을 보세요."

남자는 재빨리 뱀의 손끝을 부러뜨리고 아내의 가족을 되찾았다. 아내의 부모는 새로운 마을의 족장이 되었다. 이날 이후, 사람들은 일곱 개의 머리를 가진 뱀이 죽은 곳을 지나칠 때마다 경의를 표했다.

임바하트릴라

··· 벳시미사라카 부족 민담, 안타남바오 지역

아들 하나만을 둔 가난한 집이 있었다. 태어난 지 두 달여가 지나자 아이는 어른만큼 강해졌고 지능도 눈에 띄게 높아졌다. 그때 그의 부모는 그에게 '임바하트릴라'라는 이름을 지어주었다. 어느 날, 그는 부모에게 사람들이 가장 두려워하는 것, 즉 사람을 죽이는 방법을 알려달라고 부탁했다. 그의 부모는 아이의 생각을 포기하게 만들려고 여러 번 그의 부탁을 거절했다. 하지만 아이는 자신의 부탁을 들어주지 않으면 부모를 죽이겠다고까지 말하며 그들을 위협했다. 결국, 부모는 아이에게 이렇게 말했다.

"사람을 겁먹게 하거나 죽게 만드는 방법을 알고 싶다면 우리 마을의 모든 사람이 두려워하는 사나운 황소에게 가서 물어보거라."

임바하트릴라는 칼과 방패, 그리고 작은 단도를 준비했다. 그의 부모는 그를 길가에 있는 황소가 머무는 곳으로 데려다주었다. 황소는 임바하트릴라를 보자마자 흥분하며 발굽으로 땅을 차기 시작했다. 그러나 그는 주저하지 않고 황소의 등으로 올라가 단도와 날카로운 칼로 황소를 찔러 죽였다. 황소를 죽인 그는 매우 기뻐하며 집으로 돌아갔고 이를 본 마을 사람들은 매우 놀라워했다.

며칠 후 임바하트릴라는 부모에게 다시 같은 질문을 하고 황소보다 더 강한 동물을 알려달라고 물었다. 그들은 마을에서 조금 떨어진 강에 사는 사나운 악어라고 말해주었다. 그러자 그는 흥에 겨워 말했다.

"악어들과 싸워 이기고 돌아올게요."

그는 카누와 무기를 준비해 출발했다. 강가에 이르자 그는 큰 돌을 가져다 물에 던졌다. 주변의 악어들은 자신들의 휴식을 방해하는 임바하트릴라를 공격하기 위해 모여들었다. 그는 모여든 악어들을 공격했고 모두 다 죽여버렸다. 오직 강 속 깊은 곳으로 도망친 악어들만이 살아남았을 뿐이었다. 승자는 무사히 돌아왔고 주위의 많은 사람이 그의 강함에 찬사를 보냈다. 이렇게 강한 동물을 계속 사냥하니 사나운 짐승이 남아나지 않았다. 그는 더 힘세고 무서운 동물을 찾기 위해 멀리 떠날 생각을 했다. 그는 일곱 개의 혀를 가진 뱀에 관한 이야기를 들었다. 마을에서 그 뱀이 있는 곳까지는 삼일의 시간이 필요했다. 떠날 준비를 하던 그는 바나나 나무를 집 앞에 심으며 부모에게 말했다.

"이 나무가 저의 운명을 알려줄 거에요. 나무가 완전히 말라 죽으면 더는 나를 기다리지 마세요. 내 운명이 나무와 같을 테니까요. 반대로 싹이 트고 잎사귀가 많아지면 내 건강을 걱정할 필요는 없어요. 그리고 일주일 안에 제가 일곱 개의 혀를 가진 뱀과 싸우게 되니 그렇게 아세요."

부모는 떠나는 그를 위해 물을 뿌리며 무사하게 돌아올 것을 기원했다. 임바하트릴라가 뱀이 사는 장소에 도착했을 때, 그는 겁을 먹거나 떨지 않았다. 끔찍하게 생긴 뱀은 그가 죽인 그 어떤 동물보다 더 사나웠다. 싸움이 시작되었다. 뱀이 큰 입을 벌려 그를 잡아먹으려 할 때, 부모의 집에 심었던 바나나 나무의 잎이 말라가기 시작했다. 이를 본 부모는 마음을 졸이며 걱정했다. 하지만 그는 뱀의 공격을 피해 싸움의 승기를 잡고 마침내 뱀을 물리칠 수 있었다. 뱀이 쓰러지자 그는 일곱 개의 혀를 잘라 집으로 가져갔다. 이를 본 부모와 마을 사람들은 놀라고 감탄했다.

안드리아노니베 왕과 아이를 낳지 못한 왕비
··· 안탄카라나 부족 민담, 보헤마 지역

하루는 '안드리아노니베' 왕이 슬픈 표정으로 아내에게 말했다.
"우리가 함께 산 지가 오래인데 아직 아이가 없구려. 어떻게 해야 하겠소. 당신이 원한다면 우리 부부에게 아이를 점지해 줄 수 있는 영험한 붉은 참새의 힘으로 아이를 가져보도록 하는 것이 어떻겠소?"

아내의 대답을 들은 왕은 영험한 붉은 참새가 어디 있는지를 탐색했고 마침내 붉은 참새의 주인을 찾아가 부탁했다.
"붉은 참새에게 말할 수 있게 해주시겠소? 아이가 없는 우리에게 붉은 참새가 아이를 점지해줄 수 있도록 말이오."

그러자 붉은 참새의 주인이 대답했다.
"무슨 말인지 알겠소. 자식이 없다니 참으로 안타까운 일이외다. 너무 슬퍼하지 마시게, 왜냐하면, 내 당신들에게 약속하는데 아이는 생길 것이오. 단지 내가 말하는 바를 그대로 행하시오. 당신과 부인께서는 바다로 가서 물고기를 잡으시오. 잡자마자 집에 가져와서 구워 먹으시게. 식사 후에 남은 요리는 사람들이 다니지 않은 장소에 버리시오. 아무도 그것을 볼 수 없게 말이오. 안드리아노니베여! 작은 물고기는 당신 부인의 배 속에서 아이가 될 것이고 만일 다른 사람이 이 고기를 조금이라도 맛본다면 그들도 아이를 낳을 거라오."

 부부는 붉은 참새의 주인에게 고마움을 전하며 그가 준 조언을 꼭 따르겠다고 약속했다. 그들은 즉시 낚시를 떠났다. 몇 마리 물고기를 잡은 후, 부부는 어린 시녀와 개가 지키고 있던 집으로 돌아갔다. 이후 그들은 붉은 참새의 주인이 시키는 대로 했다. 식사가 끝난 후 안드리아노니베의 아내는 먹고 남은 물고기를 풀로 싸서 시녀에게 사람들이 지나지 않는 장소에 버리라고 말했다. 시녀는 그녀의 말을 잘 들었으나 안에 무엇이 있는지 살펴보았다. 먹고 남은 생선의 부스러기임을 본 그녀는 그것을 먹은 후 나머지를 대충 버렸다.

 생선 냄새를 맡은 개는 여기저기를 뒤적이다 시녀가 버린 것을 발견했다. 개는 조금 남은 살과 뼈를 먹어치웠다. 몇 달이 지나자 안드리아노니베의 아내가 아이를 잉태했다. 그런데 시녀와 개도 임신한 것을 알고 놀랐다. 모두 물고기를 먹은 것이다. 그는 아내에게 말했다.

 "여보, 나는 그들에게 주지를 않았는데, 어떻게 임신을 했는지 모르겠구려."

 구 개월이 지나자 안드리아노니베의 아내와 시녀는 모두 아이를 낳았다. 개도 귀여운 두 마리의 새끼를 낳았다. 모두 같은 날에 태어났다. 그리고 안드리아노니베의 아이는 같은 날 태어난 아이와 강아지들과 매우 닮았다. 아이들이 자라자 그들은 모두 구별하기 어려울 정도로 똑같이 생겼다. 두 아이는 각자가 강아지 한 마리씩을 갖고 있었다. 어느 날, 왕의 아들이 어머니를 찾아 말했다.

"어머니, 나는 시녀의 아들을 종으로 여기지 않고 형제로 삼고 싶어요. 우리는 서로 닮았잖아요. 오늘부터 나는 그를 동생이라 부르겠어요."

"말도 안 된다. 하인을 형제로 삼다니. 그것을 허락할 수가 없구나."

"두 분이 허락하지 않아도 내가 그 아이를 동생으로 생각한다는 것을 막을 수는 없잖아요."

계속되는 아들의 고집에 왕과 왕비는 양보하고 말았다. 부부는 아들을 위해 총을 한 자루 샀다. 그런데 아들은 같은 총을 동생에게 사주어야만 자기도 그 총을 쓰겠다고 말해. 두 아이는 결국 같은 총을 가지고 연습하여 능숙한 사냥꾼이 되었다. 시간이 지나 청년으로 자라나자 동생이 형에게 말했다.

"형, 이제 나도 컸으니 아내가 될 여자를 찾으러 갈 거야. 그런데 떠나기 전에 레몬 씨앗을 줄게. 이 씨앗을 잘 돌봐줘. 이것이 사라지면 내가 아플 것이라는 신호야. 씨앗이 죽으면 나도 죽었을 것이고, 씨앗이 말라버리면 형이 나를 찾으러 와줘."

왕자는 동생이 혼자 떠나는 것을 매우 아쉬워했다. 작별 인사를 하고 동생은 총을 들고 개와 함께 떠났다. 형은 레몬 씨앗을 심고 하루에 두 번, 아침저녁으로 물을 주고 보살폈다. 몇 달 후 레몬은 튼튼하게 자라자 왕자는 매우 기뻐하며 말했다.

"레몬이 잘 자라는 것을 보니 내 동생이 건강한가 보다."

하지만 1년이 지나자 레몬이 시들면서 더는 자라지 않았다. 동생이 아프다는 것을 생각하면서 형은 슬퍼했다. 다행히 그의 보살핌으로 레몬은 다시 녹색으로 변했다. 동생이 병에서 나았다고 믿으며 형은 매우 기뻐했다. 그런데 1년이 지날 즈음 레몬은 빠르게 시들더니 죽고 말았다. 사랑하는 동생이 죽었다는 사실을 알게 된 왕자는 곧바로 총을 들고 개와 함께 동생의 시체를 찾으러 출발했다. 한 달여 만에 왕자는 동생이 살던 마을을 찾았다. 마을 사람들에게 물어 동생이 살던 집으로 향했다. 그가 집 마당에 들어가 보니 '라바로'라는 이름의 여자가 살고 있었다. 그녀는 동생의 아내였다.

"동생이 있는 곳을 보여주시겠습니까?"

여자가 아무런 대답도 하지 않자 그는 다시 같은 질문을 던졌다. 하지만 그녀는 여전히 대답하지 않았다. 왕자가 세 번째로 질문하자 여자가 화를 내며 말했다.

"어리석은 질문하지 말고 나를 내버려 두세요. 나는 당신의 동생에 관심 없습니다. 나는 단 한 명의 남편이 있을 뿐입니다. 바로 당신입니다. 어째서 당신은 동생에 관해 물어봅니까?"

왕자는 동생의 방에서 하룻밤을 보냈다. 그는 총을 자신과 여자 사이에 두고 누웠다. 아침이 되자 여인에게 아무 말도 하지 않고 일어나서 총을 들고 개와 함께 동생을 찾으러 나섰다. 하루 내내 숲속을 찾다가 마침내 거의 말라 해골만 남은 동생의 주검을 찾아냈다. 동생이 이 마을의 유일한 사냥꾼이었던 점을 떠올린 그는 이 사체가 동생이라고 확신했다. 그는 그 옆에 오두막을 짓고 머물렀다. 왕자는 즉시 동생의 시체에 소금을 뿌리고 살은 나뭇가지에 걸었다. 시간이 흘렀다. 어느 날 아침, 왕자는 동생을 죽인 괴물을 만났다. 괴물이 그에게 말했다.

"네 곁에 있는 개는 몹시 사납겠지?"

"아니다. 사납지 않아. 이리 와 앉아라. 네게 물어볼 것이 있다."

"싫다. 개가 사납다는 것을 나는 잘 알고 있지. 물릴까 두렵군. 줄에라도 묶어 둔다면 안심하고 앞에 앉아 이야기를 나눌 수 있지."

왕자가 줄로 개를 묶고 둘은 대화를 시작했다. 그런데 갑자기 왕자가 손에 쥐고 있던 줄을 놓자 개가 괴물에게 달려들어 맹렬하게 물어뜯었고 왕자 역시 무섭게 괴물을 공격했다. 괴물은 죽을 지경에 처하자 소리쳤다.

"살려다오. 네 동생을 되살려주마."

이 말을 들은 왕자는 공격을 멈췄고 모두 동생이 있는 곳으로 갔다. 괴물이 동생의 시체를 땅에 문지르자 죽은 동생이 다시 살아났다. 되살아난 동생과 함께 왕자는 이미 상처를 입은 괴물을 공격해 죽여버렸다. 그런 다음 두 형제가 마을로 돌아가자 사람들 모두가 너무나 똑같이 생긴 이 두 사람을 보고 놀랐다. 형이 여인에게 말했다.

"여기 내가 지난번 당신에게 물었던 동생이 왔소. 당신은 나를 동생과 혼동했던 것이오."

여인은 놀라 한마디도 하지 못했다. 그러나 얼마 후 동생은 형이 자신의 아내와 하룻밤을 보냈다는 사실을 들었다. 그는 형에게 물었다.

"어떻게 동생의 부인을 취할 수가 있지? 얼마나 창피한지 얼굴을 들고 다닐 수가 없소."

왕자가 부인하자 확신이 없었던 동생은 마을 사람들 앞으로 형을 데리고 갔다. 사람들은 두 사람에게 이전처럼 사이좋게 지내라 권했다. 하지만 동생은 이 말을 듣지 않았고 자신에게 상처를 준 형을 죽이기 위해 무슨 일이든 다 할 기세였다. 마침내 어머니가 와서 말했다.

"이제 더 싸우지 말아라. 너희는 형제가 아니냐. 둘이 같이 살면 계속 이렇게 싸울 것이니 서로 멀리 떨어져 사는 것이 어떠냐. 그리고 일 년에 한 번만 만나거라."

그녀는 형의 팔을 잡아 공중으로 던졌다. 떨어진 형은 고래로 변했다. 그녀가 동생의 다리를 잡고 하늘로 던지자 동생은 벼락으로 변했다. 이렇게 고래와 벼락이 생겨났다고 한다. 그래서 여름 장마철에 형인 고래를 만나러 동생이 사는 하늘에서 번개가 치는 것이다. 이렇게 일 년에 한 번씩 형제가 만날 수 있었다.

라지니라히와 카카

… 벳시미사라카 부족 민담, 보헤마 지역

결혼한 지 오래되었음에도 아이가 없었던 부부가 있었다. 수많은 방법을 시도해 다행히 아내가 어렵게 임신하자 남편은 낚시하러 호수로 갔다. 물고기를 많이 잡은 그는 비늘을 제거하고 집으로 돌아갈 준비를 했다. 그때 괴물 카카가 호수에서 나와 말했다.

"살고 싶으면 잡은 물고기를 놔두고 가라."

남자는 순종했고 괴물은 그에게 내장만 건네주었다. 그사이 출산이 다가온 여자에게 아이가 이렇게 말했다.

"엄마, 바나나에 칼을 넣어 삼켜주세요. 태양을 보러 나갈 거예요."

아이의 말에 놀라고 무서웠으나 여자는 그렇게 하였다. 그러자 아이가 배를 가르고 나왔다. 엄마는 아이의 이름을 '라지니라히'로 지었다. 아이는 아버지가 어디 있냐고 물었다.

"호수로 물고기를 잡으러 가셨단다. 매번 물고기 내장만을 가져오시지. 호수의 괴물이 물고기 살은 다 가져간단다."

"엄마, 호수로 가는 길을 알려주세요. 내가 가서 괴물과 이야기를 해볼게요."

어머니가 알려준 길을 따라 호수에 도착한 그는 물가에 숨었다. 그의 아버지가 물고기를 많이 잡아 비늘을 벗기고 집에 가려 준비할 때, 역시 괴물이 나타나 말했다.

"죽고 싶으냐? 아니면 물고기를 내게 줄 것이냐? 선택해라."

"나는 죽고 싶지 않소."

"그렇다면 물고기의 살을 주고 네 아내에게는 내장이나 가져다 줘라."

이것을 본 라지니라히는 화를 내며 소리쳤다.

"어째서 너는 나의 어머니를 모욕하느냐?"

"너의 아버지도 나를 무서워하는데 감히 조그마한 네가 나와 싸울 것이냐?"

"나는 너 같은 괴물이 무섭지 않다."

그러자 괴물이 제안했다.

"그러면 내기를 해보자. 아침부터 저녁까지 물속에서 누가 더 오래 있을 수 있는지가 내기다. 네가 할 수 있겠냐?"

"좋다. 참 재미있는 내기군."

이렇게 내기가 시작되었다. 먼저 괴물이 물속으로 들어가 아침 10시경에 나왔다. 라지니라히의 차례가 되어 물속에 들어간 그는 저녁 6시가 되어서야 나왔다. 이를 본 괴물이 말했다.

"이 내기는 내가 졌다. 이제 호수 밑으로 들어가자. 바닥에 커다란 돌이 있는데 이것을 누가 더 오래 들고 있을 수 있는지를 알아보자."

둘은 호수 바닥으로 들어갔다. 괴물이 먼저 돌을 들었다. 하지만 얼마 지나지 않아 힘에 부쳐 돌을 내려놓았다. 다음으로 라지니라히의 차례가 되어 그가 돌을 쥐자 그것이 곧 모래처럼 부서져 버렸다. 이를 본 괴물은 깜짝 놀랐다. 라지니라히가 괴물에게 말했다.

"너는 아직도 물고기 살을 원하느냐?"

괴물은 아무 말도 할 수 없었다. 라지니라히는 괴물을 손에 쥐고 마을로 끌고 갔다. 이를 본 마을 사람들은 괴물에게 먹힐까 두려워 모두 도망쳤지만, 그는 괴물을 길들여 키웠다. 힘에 관한 한 라지니라히를 따를 자가 없었다.

청소부와 신

··· 벳시미사라카 부족 민담, 마인티난드로 지역

세 사람이 여행을 떠났다. 강을 앞에 두고 이들은 누가 먼저 식사 준비를 할지 의논했다. 그리고 순서를 정해 식사를 준비하기로 했다. 처음 식사 준비를 맡은 '파랄라에'가 고기를 먼저 굽고 다음에 밥을 지었다. 식사가 다 준비될 즈음, 사람과 동물을 모두 닮고 턱수염이 난 '히티칼라바소모트라'라는 괴물이 강 건너편에서 그를 불러 말했다.

"여보게, 내게 카누를 하나 가져다주게."

"노를 사용할 줄도 모르는데 내가 어떻게 카누를 가져갈 수 있겠나?"

"그럼 장대라도 줄 수 없겠나?"

"막대기도 어떻게 휘두르는지 나는 모른다네."

그러자 괴물이 물 위를 걸어 그에게 다가와 말했다.

"네가 나에게 카누를 주든 말든 나는 강을 건널 수 있지. 이제 밥이라도 좀 주게."

"자. 여기 있네. 숟가락으로 먹게나."

"나는 피부가 벗겨질까 무서워 그것 가지고는 밥을 안 먹는다네."

"그러면 이 나뭇잎으로 싸 먹게."

파랄라에가 다른 것을 건네주자 괴물이 다시 말했다.

"내가 나뭇잎을 사용한다고, 말이 안 되지."

"도대체 자네가 원하는 것이 뭔가?"

"우리 태양 아래서 거하게 한번 싸워보세."

그래서 둘은 싸웠고 파랄라에가 땅에 쓰러졌다. 괴물은 그를 묶어 놓고 고기와 함께 밥을 먹고 난 후, 파랄라에를 음식과 약초로 덮어버렸다. 파랄라에가 소리쳤다.

"이보게, 친구들. 와서 나 좀 구해주게. 괴물이 찾아와 싸웠는데 내가 지고 말았네. 그 괴물이 나를 이렇게 묶어 놓고 우리 음식을 다 먹어치웠네. 빨리 나를 구해달라고."

이 소리를 들은 친구 '토라노로'가 말했다.

"밥이야 내일 아침에 해 먹으면 되지."

아침이 되자 일행은 다시 여행을 나섰다. 이번에는 토라노로가 먹을 걸 준비했다. 그런데 괴물이 다시 나타나 그 전과 같은 일이 다시 일어났다. 그것을 본 세 번째 친구인 '베톰보칸소로'가 말했다.

"내일 아침이 되면 내가 먹을 걸 준비할 차례인데, 괴물이 또 나타날까?"

그 역시 다른 친구들과 마찬가지의 일을 겪었다. 괴물은 또다시 나타나 싸워 이기고는 그가 차려둔 음식의 절반을 먹어 치우고 조용히 사라졌다.

코토켈리

… 벳시미사라카 부족 민담, 바토만드리 지역

세 명의 남자가 숲 근처의 땅을 개간하러 떠났다. 숲에 도착한 그들 중에서 두 명은 일하고 한 명이 저녁을 준비하기로 했다. 밥이 다 익어갈 때 '코토켈리'라는 짐승이 나타나자 그가 말했다.
"코토켈리! 춤출 줄 알아? 너 춤출 수 있냐고?"
"빨리 밥이나 한 그릇 줘. 안 그러면 내가 솥째로 먹을 테니까."
"뭘 달라고?"
"밥을 주고 싶지 않다면 싸워서 뺏는 수밖에 없겠군."
둘은 서로 싸우기 시작했다. 싸움은 짐승의 승리로 끝났고 코토켈리는 밥을 퍼먹고는 남은 밥을 땅에 던져버렸다. 그리고 자신의 아내 '코토포치'를 찾으러 떠났다. 그렇게 짐승이 떠나자 남자는 다시 죽을 준비했다. 죽이 되자 그는 동료를 불렀다. 동료들은 밥의 양이 적은 것을 보고 그에게 물었다.
"지금까지 저녁을 준비했으면서 밥도 아니고 이렇게 죽만 먹으라고 하는 건가?"
그러자 그는 동료들에게 그동안 무슨 일이 일어났는지를 설명해 주었다. 동료들은 어쩔 수 없이 죽을 먹고 잠자리에 들었다. 다음날, 두 번째 남자가 식사를 준비하고 나머지 둘은 일터로 떠났다. 그리고 전날과 같은 일이 벌어졌다. 짐승이 나타나 싸움을 하고 밥을 뺏기고 죽을 먹는 상황이 반복된 것이다. 마침내 세 번째 남자가 식사 당번인 날이 왔다. 밥이 다 지어질 즈음, 전날과 같이 코토켈리는 나타났다. 그리고 싸움이 시작되었다, 하지만 이번에는 남자가 짐승을 쓰러트리고 동료들을 불렀다. 세 사람은 맛있게 밥을 먹었다. 이를 본 짐승이 외쳤다.

"내게 누룽지라도 남겨주게. 제발 부탁하네."

세 사람은 남은 밥을 그에게 주었다. 그리고 짐승을 죽이지 않고 길들이기 시작했다. 충분히 길들어졌다고 생각하자 짐승에게 식사를 준비하게 하고 아이들을 돌보게 했다.

어느 날, 세 남자가 모두 일터에 나가자 짐승은 솥에다 쌀이 아니라 아이를 토막 내어 넣고 요리를 해먹었다. 그리고 아이 대신에 어린 양에게 옷을 입혀 침대에 눕혀놓았다. 일터에서 돌아온 세 사람은 아무런 의심도 하지 않고 식사했다. 도중에 그들은 짐승에게 후추를 가져오라 시켰다. 후추가 어디에 있는지를 몰라 짐승이 찾지 못하자 한 남자가 일어나 직접 가져가서 저녁을 먹었다. 이를 본 짐승이 말했다.

"뭔지도 모르고 음식을 잘도 먹고 있네. 바보같이 말이야."

이 말과 함께 짐승은 집에서 도망쳤다. 저녁을 다 먹은 뒤에야 남자들은 침대 속에 어린 양이 묶여 있는 것을 보았고 솥 안에서 아이의 뼈를 발견했다.

랑갈람포나

… 벳시미사라카 부족 민담, 마난자 지역

부부가 화전을 위해 오두막을 짓고 살다 두 아이를 낳았다. 큰 아이에게는 '볼라나보', 둘째는 '보아몰라'라는 이름을 지어주었다. 곡식을 수확하기 전에 집에 먹을 것이 떨어진 것을 알게 된 부부는 어쩔 수 없이 숲에서 먹을 것을 구해야 했다. 첫째 아이를 데리고 숲으로 떠나면서 그들은 막내에게 집을 잘 보라고 당부했다. 막내가 혼자 남은 집에 '몽구스'가 찾아와 그에게 말을 걸었다.

"얘야! 부모님은 어디 가셨니?"

"먹을 것을 구하러 숲에 가셨어요."

"네 형은 어디 있고?"

"부모님과 함께 갔지요."

"그럼 개는?"

"우리는 개를 키우지 않아요."

"그럼 너 혼자 집에 있는 거니?"

"네. 혼자 있어요."

그러자 몽구스는 집에 들어와 먹을 것을 찾기 위해 집안 여기저기를 뒤졌다. 하지만 아무것도 없는 집에 먹을 게 있을 리가 없었다. 허탕을 친 몽구스는 가버렸다. 얼마 후 부모님과 형이 커다란 알을 가지고 돌아왔다. 가족들은 알을 불에 구워 나누어 먹은 뒤,

남은 것은 잘 보관해 두었다. 다음 날, 부모와 형은 다시 숲으로 떠났다. 그들이 사라지자마자 몽구스가 다시 찾아왔다. 가족들이 남겨둔 알을 찾아낸 몽구스는 신이 나서 그것을 전부 먹어치웠다. 저녁이 되어 집에 돌아온 부모는 알이 사라진 것을 보고 막내를 꾸짖었다.

"어째서 남은 알 요리를 다 먹었니?"

막내는 고개를 숙인 채 대답을 하지 않았다. 어쨌든 남은 음식을 지키지 못했기 때문이었다.

아무 말도 하지 않는 막내에게 엄마가 말했다.

"너를 믿고 어떻게 집을 맡길 수 있겠니? 이제 형보고 집을 지키라 하고 너는 아빠 엄마와 함께 숲에 가자꾸나."

막내는 엄마의 말을 듣고 울기 시작했다.

"왜 우니?"

"내가 남은 알 요리를 먹은 게 아니에요. 내가 혼자 있을 때 못된 동물이 집에 들어와서 먹었단 말이에요."

"그래? 알았다. 덫을 놔서 그 못된 동물을 잡아야겠구나."

아빠는 막내 나이의 어린이와 비슷한 (일종의) 인형을 만들어 풀로 붙인 뒤 알 요리 근처에 놔두었다. 다음 날, 전날과 같은 시간에 몽구스가 나타났다. 평소와 같이 말을 걸어도 아이가 그에게 대답하지 않자 동물은 발로 아이를 잡았다. 풀이 묻은 인형에 손발이 붙은 동물을 가족들이 나와 붙잡았다. 그리고 몽구스를 칼로 찔러 죽였다.

앙기디켈리

··· 벳시미사라카 부족 민담, 안데보란토 지역

여섯 아들을 둔 여인이 있었다. 아들들이 자라 청년이 되자 모두 자신들의 아내를 구하러 집을 나섰다. 자신들이 살던 곳에서 멀리 떨어진 마을에 도착한 그들은 우선 오두막을 지어 거처를 만들었다. 그리고 둘째 동생에게 음식을 준비시키고 마을을 살펴보러 떠났다. 음식이 거의 다 만들어졌을 때 여우원숭이가 나타나 말했다.

"음식이 다 되었으면 나에게도 좀 나눠줄래?"

둘은 음식을 두고 싸움을 벌였다. 여우원숭이가 상대의 겨드랑이털을 뽑아 밧줄을 만들어 그를 꽁꽁 묶었다. 그리고 음식을 다 먹고 밥솥에 오줌을 싸고 가버렸다. 형제들이 돌아와서 동생에게 무슨 일이 있었는지 물었다. 막내는 여우원숭이가 한 일을 설명했으나 음식은 다 망쳐진 상태였다.

다음 날이 되어 다른 동생에게 음식을 준비시키고 나머지는 신부를 찾으러 마을로 향했다. 여우원숭이는 이번에도 찾아와 음식을 하는 동생에게 싸움을 걸고 이긴 후에 같은 행동을 하고 떠났다. 다섯 형제가 돌아가며 음식을 준비하고 형제가 돌아오길 기다렸으나 번번이 여우원숭이가 훼방을 놓고 사라졌다. 마침내 막내 '파랄라에'의 차례가 되었다. 밥이 되자 이번에도 여우원숭이가 나타나 그에게 물었다.

"음식이 다 되었으면 나에게도 좀 나눠줄래?"

역시나 둘은 밥을 놓고 싸웠다. 하지만 이번에는 여우원숭이가 지고 말았다. 막내는 줄로 여우원숭이를 묶어 나뭇잎 아래에 숨겨 두고 신부를 찾으러 간 형제들을 기다렸다. 오두막으로 돌아온 형제들은 음식이 차려져 있는 것을 보고 아무 일도 없었다고 생각했다. 여우원숭이가 그날은 오지 않았다고 믿은 것이다. 모두가 조용히 식사를 시작했다. 그때 묶여 있던 여우원숭이는 답답함에 버둥거렸다. 형제들이 막내에게 물었다.

"저게 무엇이냐?"

"아무것도 아냐. 그냥 밥이나 먹어."

식사 후에 막내는 자신이 잡은 여우원숭이를 보여주었다. 여우원숭이가 형제에게 말했다.

"너희들은 나처럼 폭포를 만들 수 없지 않아?"

"우리가 폭포를 만들 수 없다고? 그래? 해보자고."

형제 중 한 명이 발을 들어 강의 입구를 막고 폭포를 만들었다. 그러자 여우원숭이가 다시 말했다.

"그래도 큰 돌로 폭포를 만들 수는 없지 않겠어?"

"그래? 한 번 해볼까?"

큰 돌이 눈에 띄자 형제 중 한 명이 발로 차서 강을 막았다. 그 후 그곳에서 평야가 만들어졌다. 형제들이 발로 차버린 돌의 조각들이 강을 막아 물이 빠진 곳이 바로 평야가 된 것이다. 지금 우리가 사는 마을이 남아있는 것은 돌 조각이 이곳까지 오지 않았기 때문이다.

키리디

… 사카라바 부족 민담, 모론다비 지역

고아로 자라나 만난 부부가 있었다. 이들은 너무 가난해서 변변하게 먹지도 입지도 못했다. 임신한 아내가 입덧으로 야생마인 '키리디'의 간을 먹고 싶어 했다. 남편은 아내가 원하는 것을 구하기 위해 총을 가지고 사냥을 나섰다. 떠나면서 그는 아내에게 말했다.

"한 달이 지나도 내가 돌아오지 않으면 나를 기다리지 마시오. 그때면 내가 야생마에게 잡아먹혔을 테니 말이오."

"네. 부디 살아서 야생마의 간을 가지고 돌아오세요."

부부는 이렇게 헤어졌다. 남편은 길을 나선 후 오래도록 사막을 걸었다. 악어로 가득 찬 늪지대의 강을 건너고 온 들판을 헤집으며 야생마를 찾았다. 남편은 마침내 키리디를 발견하고 총을 쐈지만 실패하자 이제 야생마가 그에게 달려들었다. 키리디는 남자를 쓰러트리고 한입에 그를 삼켜버렸다.

한편 집에 남아있던 아내의 삶은 더욱 힘들어졌다. 남편이 없으니 더욱 가난에 젖어 거의 먹지를 못했다. 남편이 떠나고 보름이 되도록 아무런 소식이 없자 그녀의 마음은 불안해졌다. 그녀는 남편을 걱정하며 그가 돌아올 만한 길에 나가 기다렸지만 한 달이 지나도 그는 돌아오지 않았다. 시간이 지나 그녀는 아들을 낳았다. 아들은 무럭무럭 건강하게 자랐다. 어느 날, 마을 친구들과 놀던 아이들이 아들에게 말했다.

"너하고는 안 놀아. 아빠가 키리디에게 잡아먹혔다면서."

아이는 집으로 돌아와 엄마에게 물어봐 사정을 알게 되었다. 그는 총을 가지고 아버지를 잡아먹었다는 키리디를 찾으러 집을 나섰다. 오래도록 키리디를 찾다 마침내 그는 야생마를 잡아 죽일 수 있었다. 그는 키리디를 조각으로 잘랐다. 그 순간 동물의 뱃속에서 누군가가 소리쳤다.

"조심하시오. 나까지 칼로 자를라."

키리디의 배를 가르자 수많은 동물과 사람이 나왔다. 그 피가 흘러 넓은 호수가 되었고 그 뼈는 새로 변하고 그 살은 진흙과 흙이 되었다. 그리고 야생마의 털은 풀과 나무가 되었다. 키리디가 삼켰던 모든 존재가 그곳에 정착하여 크고 아름다운 마을을 세웠다. 아들은 어머니를 마을로 모셔와 가족과 함께 살았다. 그는 강하고 용감한 사람이 되었다. 사람들은 그를 마을 족장으로 모셨다. 그는 키리디의 뱃속에서 구한 모든 사람의 사랑을 받으며 마을을 통치하였다.

세 마리의 소를 가진 남자와 세 명의 아내를 가진 남자
··· 마로포치 부족 민담, 차라타나나 지역

'라텔롬비'는 부모와 자식은 물론 아내도 없이 혼자서 세 마리의 소를 키웠다. 그는 이 소들을 너무 좋아해서 세 마리의 소를 가진 자라는 뜻의 라텔롬비를 자신의 이름으로 사용할 정도였다. 어느 날, 누군가가 그에게 말했다.
"여보게. 어딘가에서 라텔롬비라는 이름의 아버지를 찾는 사람이 있다던데. 들어보았는가?"

이 말을 들은 라텔롬비는 가족도 없이 혼자라는 외로움을 견딜 수 없어 그 소문의 출처를 알아보러 떠났다. 길을 가던 그는 한 마을에서 부모나 자식, 재산은커녕 병아리 한 마리조차 없는데도 세 명의 아내를 가진 사람에 관한 이야기를 들었다. 그의 이름은 세 명의 아내를 가진 자라는 뜻을 가진 '라텔로바디'였다.

라텔롬비가 마을을 지날 때 라텔로바디가 그를 불러 말했다.
"소를 세 마리나 끌고 어디를 가시오?"
"부모님을 찾으러 가오. 혼자 사는 것도 죽은 자들을 그리워하기만 하는 것도 질려서 말이오."
"당신의 이름은 무엇이오?"
"라텔롬비라고 하오."
"내가 찾고 있는 사람이 바로 당신이었군요. 나는 당신의 형제인 라텔로바디라고 합니다. 함께 마을로 갑시다. 이렇게 만나게 되어 너무 기쁘네요."

세 마리 소를 가진 남자는 자신이 그와 혈연관계가 있는지를 확신할 수 없었으나 세 아내를 둔 남자의 말에 기뻐하며 그의 집으로 갔다. 사실 라텔로바디가 그를 초대한 것은 형제라는 이유가 아니라 그의 재산을 빼앗으려 했기 때문이었다. 며칠이 지나자 라텔로바디는 라텔롬비에게 그의 형임을 자처하며 말했다.

"이보게. 자네는 아내가 없으니 나중에 자네가 늙었을 때 돌봐줄 자식을 가질 희망도 없겠지. 하지만 나에게는 세 명의 아내가 있지 않은가. 이 세 명 중에서 한 명을 아내로 맞이하는 게 어떻겠나?"

라텔롬비는 매우 기뻐하며 이 제안을 받아들였다. 그리고 라텔로바디를 자신의 형으로 받아들였다. 그는 '이파라바비'라는 여자를 아내로 선택해 그녀와 함께 집으로 돌아갔다. 그런데 라텔로바디는 이 여성이 떠나기 전에 미리 이렇게 말했다.

"라텔롬비 집에 도착해서 일주일이 지나면, 아픈 척을 해라. 그리고 그에게 우리 집에서 점을 봐야 몸이 나을 수 있다고 말하거라. 알았지?"

일주일 후, 이파라바비는 아픈 척을 했다. 마음이 착한 라텔롬비는 아내에게 그녀의 병이 나으려면 자신이 무엇을 해야 하는지를 물었다. 그녀는 남편에게 자신이 나을 수 있는 유일한 방법은 옛날 집에서 점을 쳐봐야 한다고 말했다. 그는 아내의 예전 집으로 서둘러 갔다. 갑자기 찾아온 그의 설명을 듣고 난 후, 라텔로바디는 점을 쳤다. 그리고 이렇게 말했다.

"자네의 부인이 크게 아프군. 점괘에는 그녀의 남편이 소를 한 마리 잡아야 아내의 병이 나을 것이라 나오는군. 자네가 소를 잡으려 한다면 내가 점괘대로 그 의식을 집행하겠네."

이 말을 들은 라텔롬비는 아내를 빨리 낫게 하려고 다른 소를 찾는 대신에 자신이 가진 소 한 마리를 제공했다. 라테로바디는 소를 땅에 자빠트린 후 잡았다. 그리고 소의 피를 받아서 이파라바비에게 먹이자 그녀는 병에서 나은 척 일어났다. 이를 본 라텔로바디가 말했다.

"이제 잡을 소를 나누세. 내가 반을 가질 것이니 나머지 반을 자네가 가지고 가게나."

라텔로바디는 소를 팔아 라텔롬비가 돈을 벌기를 원하지 않았다. 그가 자신의 몫인 소고기를 먹은 후 다시 사기를 치기 위해 이렇게 말했다.

"형제여. 나의 두 여자 중에서 하나를 취하게. 대신에 이파라바비는 돌아오도록 해주게. 그녀가 형제 집에 머문 시간이 이제 겨우 일주일이고, 게다가 아프기까지 했으니 다시 형제 집으로 가면 다시 아플까 걱정이 돼서 그러네. 보통 두 번째 아프게 되면 더 위중한 상태가 되지 않는가?"

라텔롬비는 아내 이파라바비를 사랑했으나 그의 제안을 받아들였다. 그는 '라마토아'라는 이름의 나이가 많은 여자를 선택했다.

그런데 그녀 역시 일주일이 지나자 병에 걸렸다. 라텔롬비가 이번에는 자신이 가진 검은 소를 잡았다. 라텔로바디는 다시 사기를 쳐서 소고기를 챙겼다. 그리고 마지막으로 '라비오'라는 여인을 라텔롬비에게 건네주고 그의 마지막 소인 하얀 소를 잡게 했다. 그리고 이렇게 말했다.

"형제가 비록 거두지는 않았지만 세 명이나 되는 내 소유의 부인을 차례로 취하지 않았나. 조심하지 않으면 형제도 아프게 될 거네. 조심하게나."

이 말을 한 라텔로바디는 그를 자신의 집에서 쫓아냈다. 불행한 이 남자는 세 마리의 소를 희생하고도 아무것도 갖지 못한 채 자신의 집으로 걸어갔다. 길을 가는 도중에 그는 자신이 어디서 오는지를 묻는 남자를 만났다. 라텔롬비는 자신의 형제라고 주장하는 사람과 겪은 일을 이 남자에게 알려주었다. 자신이 혼자 살아서 외로웠다는 것, 세 마리의 소를 희생하고 얻은 세 명의 부인을 잃은 것 등에 대해서 말했다. 그러자 남자가 그에게 말했다.

"내 말을 잘 들어보게나. 이 길을 계속 가다가 해가 질 때 도착한 곳에서 자리를 펴시게. 그 장소가 어떠하든 간에 그곳에서 꼭 잠을 자야만 하니 잊지 말게나."

라텔롬비는 다시 길을 나섰다. 해가 질 즈음에 그는 숲 한가운데에 있었다. 걸음을 멈춘 그는 먹을 생각도 않고 바로 자리를 마련하고 밤을 보냈다. 깊은 밤이 되어 그가 잠들었을 때, 한 존재가 나타나 그에게 말했다.

"내일 아침 일찍 근처에 있는 연못에 가서 몸을 담그거라. 손가락 하나로 잡을 수 있는 무엇인가를 느끼게 되면 그것을 잡아서 가져가거라."

다음 날, 라텔롬비는 일어나자마자 연못가로 갔다. 그곳에서 그는 하나는 파랗고 또 하나는 붉은색의 물 단지 두 개를 발견했다. 그는 깜짝 놀라 속으로 이렇게 말했다.

"이 물 단지를 가지고 뭘 하지? 이것을 챙겨야 하나, 아니면 물 속에 들어가야 하나?"

이렇게 고민하면서도 그는 시키는 대로 물에 몸을 담그고 손가락에 닿는 무엇인가를 느껴서 그것을 끄집어냈다. 꺼내 놓은 것 안에는 쌀 세 톨, 몇 조각의 천, 다양한 종류의 옷감 조각, 동전 등처럼 그가 원하는 모든 것이 들어있었다. 물에서 나온 라텔롬비는 처음 본 두 개의 물 단지를 열자 각 단지에서 아름다운 소녀와 어린 소년이 나왔다. 이를 본 그는 깜짝 놀라 물 단지를 떨어트렸고 깨진 단지에 들어있던 많은 것들이 자라기 시작했다.

세 톨의 쌀은 이웃한 마을의 논에서 자랐고 천 조각은 멋진 옷감이 되었고 옷감 조각은 양탄자로 동전은 은덩이로 바뀌었다. 아름다운 소녀와 어린 소년은 주변에 퍼진 부족 사람이 되었다. 이제는 자신의 소유가 된 마을 사람을 모아 놓고 라텔롬비가 물었다.

"너희들은 내가 태어난 곳에 가서 살 것이냐, 아니면 이곳에서 살겠느냐?"

"당신이 태어난 곳에서 살고 싶습니다."

그래서 그들은 모두 재물을 가지고 길을 떠났다. 돌아가는 중에 그들은 라텔로바디가 사는 마을을 지나치게 되었다. 라텔로바디는 아내들에게 말했다.

"무슨 소리가 들리지 않나? 거창한 행렬이 지날 때 나는 소리인 것 같은데."

소리가 점점 가까워지고 사람들이 모여들자 라텔로바디가 물었다.

"누가 지나가기에 이런 소리가 납니까?"

"라텔롬비라는 사람이 소 떼와 양들, 닭들 그리고 수백 가지 색의 옷감과 은덩이를 가지고 이 길을 지나간다더군. 그의 일행이 지나가면서 이런 소리를 낸다는 듯하오. 길이 수많은 가축과 사람들로 가득 채워졌다는군."

이 말을 들을 라텔로바디와 그의 부인들은 깜짝 놀라 아무 말도 하지 못한 채 고개를 숙였다. 라텔롬비 일행 중에서 가장 앞 부류에 속하는 하인들이 다양한 가축 떼를 몰면서 자신의 앞을 지나갈 때, 라텔로바디가 고개를 들고 그들이 누구냐고 물었다.

"우리는 라텔롬비 주인님의 하인들입니다. 주인의 가축을 몰고 주인님의 집으로 가는 중이죠."

이들의 답변을 듣고 나자 또 다른 사람들이 양 떼와 염소들, 그리고 옷감을 들고 은덩이를 지키는 사람들, 마지막으로 하인들과 소 떼들 사이로 이들을 지키는 자경대가 지나갔다. 이를 본 라텔로바디는 분노와 두려움에 몸을 떨었다. 그의 세 부인이 라텔롬비에게 다가가 울면서 말했다.

"우리가 당신을 속였어요. 용서하세요. 당신이 원하시는 대로 다 하셔도 되지만, 살려만 주세요."

"그것에 대해선 더 말하지 맙시다. 당신들이 나를 속인 것을 알게 되었지만, 더 생각하지 않겠소. 당신들 남편이 정신을 차릴 수 있도록 그에게나 신경 쓰시오. 내 그에게 할 말이 있소."

정신을 차린 라텔로바디가 자신 앞에 무릎을 꿇자 라텔롬비가 이를 말리며 말했다.

"걱정하지 마시오. 지나간 일을 다 잊읍시다. 하지만 그대는 내 가족이 아님을 기억하시오. 내가 이제 족장의 위치에 있음을 보았지 않소. 당신을 괴롭히지 않으리다. 나를 호위하는 이 모든 사람이 내 아이들이고 내 형제라오. 그리고 당신이 보는 이 많은 가축이 내 가족이라오. 당신이 소를 치고 세 부인은 닭을 치고 나무를 가꾸고 들판에 씨를 뿌리시오. 그러면 당신들의 삶은 안전할 것이고 집으로 돌아갈 수 있을 것이오."

네 사람은 라텔롬비에게 감사하고 살아남았다. 사람들은 그에게 살 수 있는 곳과 돌봐야 할 가축들과 나무들, 들판을 알려주었다. 시간이 흐르자 라텔롬비의 자식들은 점점 더 많아졌다. 라벨로바디의 후손들은 라텔롬비를 속인 죄로 노예가 되었다고 전해진다. 불행 속에서도 항상 겸손하고 솔직했던 라텔롬비는 헤아릴 수 없는 부를 쌓았고 사람들이 존경하는 지도자가 되었다.

두 형제와 자나하리

··· 치미헤티 부족 민담, 만드리차라 지역

누더기 옷을 입을 정도로 가난한 두 형제가 있었다. 그들은 재산을 늘리기 위해 여러 해 동안 열심히 일했으나 여전히 빈곤함에서 벗어날 수 없었다. 어느 날, 동생이 형에게 말했다.

"형, 우리가 지금까지 헛되이 일만 했나 봐. 이제 지쳤어. 그냥 우리 함께 죽어버리자."

형제는 가파른 바위 꼭대기까지 올라가 밑으로 몸을 던졌다. 하지만 신들의 어머니인 '자나하리'는 이들이 땅에 부딪혀 죽는 것을 막았다. 이를 모른 두 형제는 몇 번이고 바위 위에서 몸을 던졌으나 조금도 다치지 않았다. 이들의 자살 시도를 자나하리가 방해했기 때문이었다. 그러자 동생이 다시 형에게 말했다.

"우리가 온 힘을 다해서 일했어도 가난에서 벗어날 수 없었는데, 아무리 죽으려고 애써도 이렇게 살아있네요. 우리가 어떻게 해야 할지 주술사에게 물어보러 가죠."

두 사람이 주술사에게 가서 물어보자 그는 이렇게 대답했다.

"검은 닭을 한 마리 잡아서 높은 언덕으로 가져가게. 거기서 너희의 목숨을 구해준 자나하리 신에게 물어보게나."

형제는 주술사가 말한 바대로 했다. 신이 그들 앞에 나타났고 그들이 왜 자신들의 목숨을 살려주었냐고 묻자 그 신은 자신이 한 일이 아니라며 제물로 잡은 닭을 받지 않고 사라졌다. 이후로 여러 신이 지나갔고 마침내 형제를 구해준 자나하리가 나타났다. 그는 제물을 먹은 후 이렇게 말했다.

"내가 너희의 목숨을 구해주었노라. 하지만 나는 누더기만 입을 정도로 가진 것이 없도다. 애쓴 것을 알지만 너희는 결코 부자가 될 수 없으리라."

이 말을 듣고 실망한 형제는 다시 죽으려고 하였다. 그들이 간 곳은 깊은 구덩이였다. 그 속으로 몸을 던졌지만 죽을 수가 없었다. 그런 형제를 자나하리가 불러 말했다.

"너희가 부자가 아니어서 죽기를 원한다니 부자로 만들어주마. 너희가 원하는 것이라면 무엇이든 가지게 될 것이다. 하지만 8년이 지난 후, 나는 너희를 죽이러 올 것이다."

형은 이 조건을 거부하였으나 동생은 그렇게 한다고 약속하고 조건을 받아들였다. 그러자 자나하리가 동생에게 한 번 더 말했다.

"네가 원하는 모든 것을 내가 해주마. 하지만 정해진 시간이 되면 네 머리를 가지러 오마."

"시간이 되면 오세요. 기다리고 있겠습니다. 당신의 처분을 따르지요."

약속된 8년이 될 무렵, 동생은 엄청난 부자가 되었다. 아무리 써도 재물은 줄지 않고 더 불어났다. 시간이 되자 자나하리는 약속을 지키라는 전언을 보냈고, 얼마 후 그 자신이 약속을 집행하러 나타났다. 동생의 집에 도착하자 그는 사람들을 불러모아 말했다.

"당신들에게 이 자와 맺은 약속을 알려주마. 이 남자는 8년 전에 자신의 목숨을 내놓는다고 약속했다. 예전에 누더기를 입고 살 만큼 가난했던 이 사람을 내가 지금과 같은 부자로 만들었다. 하지만 약속한 8년이 지났으니 목숨으로 그 약속을 지킬 차례가 되었다. 당신들은 그 약속 이행의 증인이다."

모인 사람들 모두가 자나하리가 목숨의 빚을 가졌다고 동의했다. 자나하리는 칼을 빼 남자를 베려 하였다. 하지만 남자의 아들이 그의 팔을 잡았다. 자나하리가 말했다.

"어째서 나를 방해하는 것이냐?"

"당신이 누군가를 죽여야 한다면 그 대상은 이 남자의 형이어야 합니다. 누더기를 입고 부자가 되기를 거부한 자이기 때문입니다."

이렇게 동생은 생명을 부지할 수 있었다. 아무것도 받지 못한 형이 죽임을 당했다. 형이 죽자 사람들은 동생의 재산을 나누어 한 부분을 맏아들에게 주었다. 약속을 이행한 동생이 아니라 아무것도 하지 않은 형이 죽게 된 것은 자나하리가 게으른 것을 좋아하지 않았기 때문이었다고 전해진다.

영악한 남자와 용감한 남자

··· 벳시미사라카 부족 민담, 보헤마르 지역

두 사람이 함께 여행을 떠났다. 한 사람은 영악했고 다른 사람은 용감했다. 한 마을에 두 사람이 도착했을 때, 영악한 사람이 큰 소리로 말했다.

"내 쇠칼이 없어졌어. 누가 훔쳐 갔나 봐."

그는 온 마을을 돌아다니며 자신의 쇠칼을 찾았다. 하지만 이것은 그의 계략이었다. 그는 자신의 칼을 잃어버린 적이 없었다. 아무리 찾아도 칼을 찾을 수 없자 그는 마을 사람들을 불러 모아 칼을 내놓으라고 소리쳤다. 그렇지 않으면 그에 상응하는 값을 치를 것이라며 사람들을 위협했다. 사람들은 어쩔 수 없이 그에게 칼값을 주어야 했다. 영악한 남자는 이렇게 모든 마을에서 같은 일을 반복했고 나쁜 평판을 받았다. 그래서 사람들은 그와 함께 여행하는 것을 원하지 않았다. 하지만 이후로도 그는 여전히 같은 행동을 계속했다. 그러나 나쁜 행동은 처벌을 받기 마련이다.

어느 날, 영악한 남자가 네 가구만 사는 작은 마을을 지나가게 되었다. 그곳에 머물면서 그는 자신의 접시 네 개를 잃어버렸다고 주장했다. 그러자 한 노인이 그에게 와서 잃어버린 접시가 어떤 색인지를 차분하게 물었다. 그는 하나는 자기로 만든 흰색이고 나머지는 철로 만든 검은색이라 대답했다. 노인은 마을에서 쓰는 접시는 모두 나무로 만든 것이라며 그것을 모두 가져왔다. 그러자 영악한 남자는 자신의 접시를 어딘가에 숨겼다고 주장했다. 그 말을 들은 마을 사람들이 말했다.

"그러면 당신이 직접 우리의 집에 가서 찾아보시오. 아무도 당신보다 먼저 집에 들어가지 않을 것이니 혼자 마음껏 뒤져보시오. 하지만 조심하시오. 당신의 접시를 찾지 못한다면 증거도 없이 절도를 주장했다는 것이니, 이번에는 우리가 당신을 고발하고 심판할 것이오."

자신의 거짓 주장이 들통난 영악한 남자가 접시 찾기를 포기하자 마을 사람들이 그를 에워싸고 압박하자 허둥지둥 도망쳤다. 정신없이 쫓기던 그는 강에 빠져 악어에게 잡아먹히고 말았다.

반면에 용감한 남자는 영악한 남자와 헤어져 작은 닭들을 사서 다시 팔기를 계속했다. 장사하던 중 길을 잘못 든 그는 숲에서 길을 잃어버렸다. 한참을 걷던 그는 한 무리의 무덤이 있는 곳에 이르렀다. 그때 늙은 여인이 부드러운 목소리로 그를 불러 위로했다. 그가 그녀에게 가까이 가자 그녀는 용감한 남자를 무덤으로 인도하여 큰 뼈 더미 속에 숨긴 다음 이렇게 말했다.

"혹시 사람의 말소리가 들리면 한마디도 하지 말아라. 그들은 너처럼 살아있는 사람이 아니란다. 너를 죽일 수 있는 유령이지."

용감한 남자는 아무 말도 하지 않겠다고 약속했다. 잠시 후, 목소리가 들렸다. 유령들이 도착한 것이다. 그들의 숨결이 느껴졌다. 한 유령이 말했다.

"이곳에 살아있는 사람이 있어."

늙은 여인 유령이 대답했다.

"아니야. 아무도 없어. 누가 여기를 오고 싶어 하겠나?"

"할멈, 잘 들어봐. 우리가 어떤 일을 겪었는지 말해줄게."

그는 세 명의 도둑이 '란드라암베'라는 사람에게서 많은 돈을 훔쳤고 자신이 그들을 잡으려 하자 겁에 질려 도망치면서 길에 돈을 던져버렸다고 설명했다. 그리고 자신이 그 돈을 라미 마을로 이어지는 길 북쪽에 있는 나무 아래에 숨겨두었다는 것이다. 그러자 다른 유령이 이렇게 말했다.

"라콤베 마을에 많이 아픈 아이가 있었어. 그래서 내가 쌀을 찧은 돌 위에 올려놓은 이를 치우지 않으면 아이가 낫지 않는다고 말해주었지. 날이 더워지면 아픈 곳이 더 심해지거든."

이들의 말을 들으며 숨어있던 남자는 매우 놀랐다. 그가 가려던 곳이 라콤베 마을이었던 것이다. 잠시 후, 늙은 여인이 돌아와 그에게 말했다.

"우리가 나눈 말을 들었겠지. 라미 마을 나무 밑에 감춰둔 돈을 가져오게. 그게 자네를 위해 좋겠어. 아무도 알아낼 수 없도록 걸레에 싸서 가지고 오게. 그런 다음 라콤베 마을로 가게나. 사람들이 자네에게 아이를 고칠 수 있는지를 물어보면, 그렇다고 대답하게. 저기 쌀 찧는 돌 위에 있는 벌레를 가져가게. 그리고 사람들에게 밥을 지으라 하고 많이 저어서 아픈 아이를 먹이면 그 아이의 병이 싹 나을 것이야. 사람들이 고맙다고 50피아스터를 주면 받아오게나."

　용감한 사람은 늙은 여인에게 고맙다고 말하고 길을 나섰다. 알려준 나무 밑에서 많은 돈을 찾은 그는 라콤베 마을로 가서 아픈 아이를 치료해주었다. 아이의 부모는 50피아스터와 함께
　여덟 마리의 암소를 새끼와 함께 그에게 주며 고마움을 표현했다. 부자가 된 용감한 사람은 집으로 돌아갔다. 그가 보여준 정직한 마음은 보상을 받았다. 그를 바라보던 유령, 즉 조상들이 그가 여행하는 동안 지켜보고 재산을 늘리는 방법을 알려준 것이다.

불행을 바라지 말 것

··· 벨시레오 부족 민담, 피아나간초아 지역

부자가 사는 땅에 매우 가난한 사람이 살고 있었다. 그가 밭에서 일하고 있을 때 그의 아내가 음식을 가져왔다. 지나가던 '안드리아마니트라' 신이 그들에게 다가와 말했다.
"여기서 무엇을 하는가?"
"밭을 일구고 있습니다."
"지금 먹으려는 것은 또 무엇인가?"
"채소입니다."
"밥은 안 먹는가?"
"없어서 못 먹지요."
"부자가 되고 싶은가?"
"당연하지요."
"그래? 그렇다면 10 피아스터를 빌려 옷을 사 입게나. 그리고 집을 잘 꾸며놓으면 내 자네들에게 행운을 주겠네."
부부는 급히 집으로 돌아갔다. 그리고 가난한 남자가 이웃에 사는 부자에게 돈을 빌리려 했으나 거절당하자 이렇게 말했다.
"내가 당신에게 돈을 갚지 못하면 우리 부부가 당신의 하인이 되겠소."
이 약속을 들은 부자는 돈을 빌려주었다. 돈이 생기자 부부는 옷을 사 입고 집을 장식했다. 일주일 후, 하늘이 어두워지고 천둥이 치며 비가 내렸다. 그러다 갑자기 가난한 부부의 마당에 황금 상자가 떨어졌다. 북처럼 생긴 상자와 함께 두 개의 북채가 들어 있었다. 남자는 북채를 들어 가슴을 두드리며 외쳤다.

"감사합니다. 정말 감사합니다."

황금 상자 안에는 엄청난 양의 금과 은, 보석이 가득 차 있었다. 부부는 곧바로 빌린 돈을 부자에게 돌려주었다. 가난한 부부에게 갑자기 엄청난 재물이 생긴 것을 알고 놀란 부자는 그들에게 어떻게 된 일이냐고 물었다. 부부는 그에게 자신들에게 일어난 일을 설명해 주었다.

부자는 즉시 밭으로 나가 일을 하기 시작했다. 부인이 먹을 것을 가져오자 안드리아마니트라 신이 지나가다 그들에게 물었다.

"여기서 무엇을 하는가?"

"밭을 일구고 있지요."

"무엇을 먹으려 하는가?"

"채소 나부랭이입니다."

"밥을 왜 안 먹는가?"

"없어서 못 먹지요."

"그렇군. 집으로 돌아가 집을 장식해놓게나. 내 자네들에게 무엇인가를 가져다주지."

이렇게 말하고 신은 사라졌다. 일주일 후, 하늘이 어두워지고 천둥이 치며 비가 내렸다. 그러다 부자 부부의 마당에 상자가 떨어졌다. 상자 안에는 북과 북채가 들어있었다. 부자는 가난했던 이웃에게 달려가 말했다.

"이보게! 내게도 상자가 생겼네."

부자 부부는 북채로 북을 치자 북에서 소리가 들렸다.

"너희는 불행을 원하는구나."

이 소리를 들은 가난했던 남자가 말했다.

"이게 무슨 말이죠? 내가 받았던 상자와는 완전히 다른데요."

사실 상자 속에는 병이 가득 들어있었다. 부자는 병에 걸려 죽고 말았다. 불행을 바라면 안 된다는 표현은 이 이야기를 통해 시작되었다고 한다.

부끄러움보다는 죽음을 선택하라
… 벨시레오 부족 민담, 피아나간초아 지역

한 여인에게 세 아들이 있었다. 첫째와 둘째는 잘 생겼고 일도 잘했다. 막내는 못생겼지만 겸손했다. 이들이 사는 옆 마을에 아주 아름다운 소녀가 살고 있었다. 큰아들이 그녀에게 결혼을 신청하러 떠났다. 소녀의 아버지가 그에게 말했다.

"마을 북쪽에 넓은 논이 있는데 아무도 그 논을 일구려고 하지를 않네. 그 논을 다 일구면 내 딸을 주겠네."

큰아들은 쟁기를 들고 논으로 갔으나 그 엄청난 넓이를 보고 돌아와 논을 일굴 수 없다고 말했다. 그러자 소녀의 아버지가 그에게 다른 제안을 했다.

"내게는 수천 마리의 소가 있다네. 가서 소 떼를 이끄는 황소를 골라 나에게 가져다주게."

큰아들이 들판에 갔으나 황소를 구별할 수 없다며 다시 돌아왔다. 소녀의 아버지가 다시 제안했다.

"마을 남쪽에 호수가 있지. 호수에는 보석들이 아주 많지. 가서 그 보석들을 가져다주게. 그러면 내 딸을 자네에게 주겠네."

그는 호수로 갔으나 보석들을 찾을 수 없었다. 마지막으로 소녀의 아버지는 부인과 딸을 데려오게 한 뒤, 그에게 말했다.

"자, 이 두 여인 중에서 자네가 원하는 내 딸이 누구인지 골라보게나."

큰아들은 그의 부인을 지목했다.

"틀렸네. 내 딸을 골라내지 못했으니 이제 집으로 돌아가게나."

큰아들은 결혼할 소녀를 얻지 못했다는 것에 슬퍼하며 집으로 돌아갔다. 그가 집에 오자 동생이 형에게 물었다.

"찾으러 간 형수 될 사람은 어디 있나요?"

"형수 될 여자를 얻는 데 성공하지 못했다."

"그래요? 그렇다면 내가 해볼게요."

"못할걸. 내가 실패했는데 네가 성공할 수 있겠니? 괜히 힘쓸 필요가 있겠어?"

"그래도 시도해봐야죠."

둘째는 씩씩하게 집을 나섰으나 풀이 죽어 집으로 돌아왔다. 이를 본 막내가 그에게 물었다.

"찾으러 간 형수 될 사람은 어디 있나요?"

"형수 될 여자를 얻는 데 성공하지 못했다."

"그래요? 그렇다면 내가 해볼게요."

"못할걸. 내가 실패했는데 네가 성공할 수 있겠니? 괜히 힘쓸 필요가 있겠어?"

"그래도 시도해봐야죠."

막내는 집을 나섰다. 가면서 그는 기도했다.

"파리, 야생 오리, 멧돼지야! 나를 도와다오. 구해다오. 정말 힘든 일을 하러 간단다."

멧돼지, 야생 오리, 파리 등이 그에게 대답했다.

"우리가 너를 도울게. 하지만 우리에게 보답해주는 것을 잊지 마."

"당연하지. 너희에게 보답할게."

소녀의 집에 도착한 그에게 아버지가 물었다.

"그래, 자네는 무엇을 원하나?"

"저는 따님을 아내로 맞이하고 싶습니다."

"그렇다면 마을 북쪽에 있는 넓은 논으로 가게. 수많은 사람이 그 논을 일구는 것에 실패했지. 자네가 논을 다 일군다면 내 딸을 주겠네. 자, 여기 쟁기를 가져가게."

그는 논으로 가서 일구기 시작했다. 그는 멧돼지를 불러 논에 고랑을 만들라고 부탁했다. 몇 시간이 지나 그는 마을로 돌아갔다. 소녀의 아버지가 물었다.

"논을 벌써 다 일구었나?"

"네. 다 했습니다."

"그래? 이제 들판에 가게. 가서 내 소 떼를 이끄는 황소를 데려오게."

이번에는 파리 떼가 몰려와서 그를 도와주었다.

"우리가 날아가서 황소의 머리에 앉을 것이니, 그 소를 데려가세요."

이렇게 그는 황소를 찾아 소녀의 아버지에게 데려갔다. 그가 남자에게 말했다.

"마을 남쪽에 있는 호수에 가서 보석을 나에게 찾아다 주게. 그렇게 한다면 내 딸은 자네 것이네."

남자는 호수로 향했다. 그리고 야생 오리가 그를 따라오며 말했다.
"우리랑 같이 가요. 우리가 물속에 들어가서 보석을 찾아올게요."
오리들은 곧바로 보석을 찾아와 그에게 주었다.
"보석을 찾아왔는가?"
"네. 여기 있습니다."

그러자 소녀의 아버지는 그에게 아내와 딸을 보여주면서 누가 딸인지 맞추라고 물었다. 이번에는 파리가 날아와 소녀의 코에 앉자 남자는 그녀를 가리키며 말했다.
"여기 이 사람이 당신의 딸입니다."

이렇게 옆 마을의 아름다운 소녀는 남자의 아내가 되었다. 그가 집으로 소녀를 데려가자 형들이 이를 보고 소리쳤다.
"우리는 이 마을을 떠나마. 부끄러운 것보다 죽는 것이 더 나으니까."

이볼라마이소

··· 치미헤티 부족 민담, 마로안체트라 지역

멧돼지의 대장인 '임보로카'는 오래전부터 아내를 찾았으나 번번이 실패했다. 하루는 주변에서 '란디암베'의 자식 중에서 아직 남편이 없는 예쁜 소녀의 이야기를 듣게 되었다. 희망에 가득 차 길을 나선 그가 도착해 란디암베에게 말했다.

"따님인 '이볼라마이소'를 아내로 얻기 위해 왔습니다."

"자네는 누구인가?"

"저는 돌을 먹는 자로 임보로카라고 합니다."

"아! 자네의 이름을 들어보았지. 멧돼지의 대장이라고 하던데. 자, 내 말을 들어보게. 마을 북쪽 중턱에 카사바밭이 있는데 오늘 쟁기질을 마칠 수 있다면 내 딸을 자네 아내로 주겠네."

마을 북쪽으로 간 임보로카는 카사바밭이 거대한 평야인 것을 보았다. 태양이 기울고 있었다. 어떻게 한 사람이 이렇게 넓은 땅을 쟁기질할 수 있을지 잠깐 고민했다. 잠시 후, 멧돼지의 대장답게 그는 마을 근처에 있는 모든 멧돼지를 불러 모았다. 크고 작은 멧돼지들이 모여들자 그는 카사바밭에 고랑을 일구라고 명령했다. 잠시 뒤, 소녀의 아버지가 제안한 카사바밭 일구기가 끝났다. 임보로카가 돌아가 일을 끝냈다고 말하자 놀란 아버지는 약속을 지켰다.

"집에 돌아가 있게. 일주일 후, 다시 여기로 와서 이볼라마이소를 찾게나. 그녀는 자네의 아내가 될 것이네."

마을로 돌아간 임보로카는 아내를 얻게 될 거라고 가족에게 말해줬다. 임보로카가 집으로 돌아간 사이 란디암베가 두 딸, 이볼라마이소와 '이칼로아데보'를 불러 말했다.

"이볼라마이소야. 너는 임보로카에게 시집을 가야겠다. 내가 그에게 너를 아내로 주기로 약속했단다. 그 약속은 미룰 수가 없지. 그리고 이칼로아데보야. 너는 언니를 따라가거라. 너도 알다시피 언니가 물을 무서워하니 도와야 하지 않겠니."

이 말을 들은 이칼로아데보가 말했다.

"알았어요. 언니가 무사히 그곳에 갈 수 있도록 도울게요."

그런데 사실은 이칼로아데보는 이볼라마이소의 하녀였을 뿐이었다. 그런데 두 여자는 얼굴 형태, 머리카락 색, 피부색 등이 너무 닮아서 언니와 동생을 구별하지 못할 정도였다. 두 사람을 구별할 수 있는 것은 언니의 목에 있는 점이었다.

아침이 되자 자매는 임보로카에게 가기 위해 집을 나섰다. 얼마의 길을 가다가 자매는 길을 막고 있는 물웅덩이를 보았다. 언니는 동생에게 자신을 업어서 웅덩이를 건너라고 했다. 그러자 동생이 말했다.

"언니를 업을 때 옷과 장신구가 방해되니 나에게 주세요."

이볼라마이소는 동생에게 그것들을 주었다. 그러자 가방만 든 그녀는 하녀처럼 보였다. 자매가 임보로카의 마을에 도착했을 때,

언니가 아니라 동생이 그의 아내가 되었다. 나흘이 지났을 때, 임보로카는 이칼로아데보에게 논으로 가서 새들을 쫓아내라고 말했다. 사실은 그녀는 이볼라마이소였다. 그녀는 논으로 가서 노래하며 새를 쫓았다.

"참새야! 숲에 사는 참새야.

나는 란디암베의 딸, 이볼라마이소야.

이제 나는 하녀가 되었어.

하녀였던 동생이 부인이 되었지.

숲에 사는 참새야."

새들이 날아와 그녀에게 답했다.

"이볼라마이소야, 집으로 돌아가. 논을 지키는 것은 네가 할 일이 아니야. 집으로 돌아가."

"나는 하녀라서 일해야 해. 참새야, 숲에 사는 참새야. 나는 하녀일 뿐이라고."

"하녀가 아니에요. 이볼라마이소는 하녀가 아니랍니다. 네 아버지와 어머니의 소중한 딸이랍니다."

새들은 같은 노래를 다섯 번이나 계속해서 불렀다. 그 노래를 들은 임보로카는 사람을 보내 그녀를 데려오게 했다. 멧돼지 대장 앞에 온 그녀는 이볼라마이소가 자신이고 그의 집에 있는 여인은 모두를 속인 사기꾼이자 자신의 하녀라고 단언하며 말했다.

"내 말을 못 믿겠다면 황소를 한 마리 가져오세요."

마을 사람들이 황소를 가져왔다. 그녀가 황소에게 말했다.

"내 부모가 살아있고 이볼라마이소가 나이며 또한 내가 사기꾼이 아니라면, 나를 꼬리로 가게 해서 등에 타도록 해 다오."

그녀는 이렇게 세 번을 말하고 황소의 등에 올라탄 후 내려왔다. 그리고 이칼로아데보야에게도 똑같이 해보라고 제안했다. 그제야 사람들은 집에 있던 여인이 이칼로아데보였고 자신들을 속였다는 사실을 알게 되었다. 뒤바뀐 두 여인의 본 모습이 밝혀지고 한 명은 죽음에 처하고 말았다.

두 명의 안드리암바호아카

··· 마로포치 민담, 마에바타나나 지역

'안드리암바호아카'라는 같은 이름을 가진 두 형제가 있었다. 형은 동생보다 훨씬 부자였다. 하루는 형이 자신이 가진 모든 것을 탕진하고 가난뱅이가 되는 꿈을 꾸었다. 그는 '코토파나시나'라는 하인을 불러 그에게 말했다.

"이 년 동안 죽은 사람들을 모두 불러라."

하인은 주인의 명을 받아 이때 죽은 자들을 불러모았다.

"오! 이 년 동안 죽은 자들이여, 아!

오! 이 년 동안 죽은 자들이여, 아!

여보시오, 여보시오!

내가 당신들을 찾는다오.

당신들을 찾으러 왔다오.

안드리암바호아카님이 나를 보냈다오.

안드리암바호아카의 소 떼는 유명하다오.

그 누구도 그것을 먹지 않는다오.

안드리암바호아카의 하인들은 유명하다오.

그 누구도 그것을 먹지 않는다오.

안드리암바호아카의 재산도 유명하다오.

그 누구도 그것을 먹지 않는다오."

이 말을 들은 죽은 사람들이 이렇게 말했다.

"집으로 돌아가게, 코토파나시나!

돌로 변한 우리의 치아가 보이지 않는가?

구멍이 뻥 뚫린 우리의 눈이 보이지 않는가?

하얀 해골로 남은 우리의 머리가 보이지 않는가?"

코토파나시나는 발걸음을 돌렸다. 그리고 망자들이 말해준 이야기를 주인에게 들려주었다. 그러자 안드리암바호아카가 그에게 말했다.

"가서 일곱 개의 머리를 가진 뱀을 불러오게."

코토파나시나는 주인의 명을 받아 뱀을 찾으러 갔다.

"오! 일곱 개의 머리를 가진 뱀이여, 아!

오! 일곱 개의 머리를 가진 뱀이여, 아!

여보시오, 여보시오!

내가 당신을 찾는다오."

얼마 후, 물이 붉게 변했다. 코토파나시나는 계속 노래했다. 그러자 일곱 개의 머리를 가진 뱀이 물 위로 나타났다. 뱀을 본 그는 두려움에 몸을 떨었다. 그때 뱀이 그에게 말했다.

"집으로 돌아가거라. 내가 방문하겠다. 주인에게 가서 나를 맞을 준비를 하라 전하라."

하인은 주인에게 뱀의 말을 전했고 주인은 준비를 시작했다. 깨끗한 천으로 집 마당 전체를 덮고 소 네 마리를 끌고 오라고 명했다. 시간이 흐른 뒤, 뱀이 나타났다. 안드리암바호아카 준비한 소들을 뱀의 입 앞에 놓았다. 뱀은 네 개의 머리로 소들을 전부 삼켰다. 남은 소가 없어지자 그는 가진 돈을 뱀 앞에 두자 뱀은 다시 그것을 삼켰다. 이제 두 개의 뱀 입이 남았다. 하나의 입 앞에다 모든 하인을 서게 하자 뱀은 그들을 모두 삼켜버렸다. 하지만 마지막 일곱 번째 입에는 줄 것이 없었다. 어쩔 수 없이 그와 그의 가족이 마지막으로 뱀에게 삼켜졌다. 안드리암바호아카의 딸인 '칼로볼라'는 그녀보다 키가 더 큰 하녀 '칼로보트레트'와 함께 집 안 방문의 그늘에 있었기 때문에 일곱 개의 머리가 달린 뱀이 보지 못했다. 더 먹을 것이 없던 뱀이 떠나자 칼로볼라는 겨우 그곳에서 나왔다. 칼로볼라는 삼촌에게 가서 도움을 요청하기로 했다. 길을 가는 중에 하녀가 말했다.

"아가씨 옷을 저에게 주세요. 대신 제 옷을 입으시고요."

이렇게 둘이 옷을 바꿔입고 서쪽 마을 근처까지 갔을 때, 칼로볼라는 하녀에게 옷을 다시 바꿔입기를 요구했다. 하지만 하녀는 그녀의 요구를 거절하며 한번 더 옷을 바꿔입자고 말하면 크게 다칠 것이라며 위협했다. 덩치가 작은 칼로볼라였기에 어쩔 수 없었다. 얼마 후, 두 사람은 삼촌 집에 도착했으나 그는 조카를 알아보지 못했다. 그래서 칼로볼라의 좋은 옷을 입은 칼로보트레트가 앞에 나서며 자신이 조카라고 주장했다. 겁이 난 칼로볼라는 하녀의 거짓말에 항의하지 못했다. 며칠 후, 삼촌이 논에 벼를 심고 먹을 것을 챙기게 하여 칼로볼라에게 논을 지키게 했다. 어린 소녀는 그의 말을 따랐고 음식을 펼치며 노래를 불렀다.

"오! 새야, 숲속의 새야. 아!

오! 귀여운 숲속의 새야. 아!

안드리암바호아카의 쌀을 먹지 말아라.

내가 너희에게 부탁할게.

안드리암바호아카의 딸, 칼로볼라는 하녀가 되었으니

그는 슬퍼한다네."

새가 와서 그녀의 쌀을 먹을 때마다 칼로볼라는 같은 노래를 계속 불렀다.

어느 날, 삼촌이 논을 살피러 갔다가 새들을 쫓아내며 부르는 칼로볼라의 노래를 듣게 되었다. 그는 노래하는 하녀가 형의 딸인지를 궁금해했다. 그래서 누가 형의 딸인지를 확인하고자 두 소녀를 불렀다. 그는 자신의 소 떼를 모아 놓고 말했다.

"여기 검은 황소가 있다. 너희가 이 소를 불러보거라. 황소가 다가가는 사람이 나의 조카가 될 것이다."

그는 우선 칼로보트레트에게 먼저 해보라고 권했다. 그러자 그녀가 황소를 불렀다.

"오! 검정 소야.

오! 검정 소야.

이리 오너라, 나에게 오너라.

바로 내가 너의 주인이란다.

나에게 오렴."

하지만 검은 황소는 그녀에게 가지 않았다. 이번에는 칼로볼라가 황소를 부를 차례가 되었다. 그녀가 황소를 불렀다.

"오! 검정 소야.

오! 검정 소야.

이리 오너라, 나에게 오너라.

바로 내가 너의 주인이란다.

나에게 오렴."

이번엔 검은 황소가 그녀에게 다가갔다. 이 광경을 본 삼촌은 칼로볼라가 그의 조카임을 확인했다. 조카 행세를 한 칼로보트레트는 다시 하녀가 되어 논을 지켜보러 떠나게 되었다.

아이를 가지려 했던 왕

… 타나라 부족 민담, 암보히망가 지역

자식이 없던 부유한 왕이 있었다. 스무 명 이상의 부인과 결혼했으나 자식을 얻을 수 없었다. 그는 네 명의 부하를 보내 뛰어난 주술사를 물색했다. 마침내 허름한 오두막에 사는 노파를 찾아냈다. 나이가 든 그녀의 처진 눈꺼풀은 눈으로 주변을 보는 것을 방해했다. 게다가 그녀는 치아도 없었다. 네 명의 부하가 그녀의 집에 도착하자 문을 열어주며 그녀가 말했다.

"주변을 볼 수는 없는데 성가시니까 필요 없는 내 눈꺼풀을 잘라주겠나?"

그들이 눈꺼풀을 칼로 자르려 했으나 피부가 너무 딱딱해서 오히려 칼이 부러졌다. 도끼를 사용했어도 마찬가지였다. 노파가 다시 말했다.

"자네들이 제대로 된 방법을 몰라서 그래. 내 머리카락을 반으로 자르게. 그리고 다시 잘라보게나."

그들이 노파의 말대로 머리카락을 반으로 자르자 눈꺼풀도 쉽게 제거되었다. 그제야 그들을 볼 수 있게 된 노파가 왜 자기를 찾아왔는지를 물었다.

"우리 왕에게는 자식이 생기지 않소. 그래서 용한 주술사인 당신을 모셔 왕비들이 잉태하는 것을 도와주십사 부탁하러 왔소이다."

"그것은 말로 설명하기 어렵다네. 그러니 왕에게 모레 왕비와 함께 여기 오시게 하게."

이틀 후, 왕은 나이 많은 부인과 함께 주술사를 보러 왔다. 눈이 다시 안 보이게 된 노파가 말했다.

"누가 왔소?"

"당신이 그제 내 부하들에게 찾아오라고 말한 사람이요."

"내가 당신을 볼 수 있도록 내 눈꺼풀을 처리해 주십시오."

칼을 꺼내든 왕이 눈꺼풀을 제거하려 했으나 칼은 부러졌다. 그제야 부하들이 한 말을 기억한 왕은 주술사의 머리카락을 자른 뒤에야 눈꺼풀을 잘라낼 수 있었다.

"자, 이제 내 아이를 불러 당신들께 밥을 대접하라 하겠소."

그런데 주술사의 집에는 그녀 말고는 아무도 없었다. 왕이 궁금해하는 사이 그녀는 물속에 몸을 담그더니 잠시 후 예쁜 소녀로 변신했다. 그녀의 아름다움에 놀라 왕은 배가 고팠음에도 차려진 음식에 손도 대지 않았다. 식사가 끝나자 소녀는 다시 물속으로 들어간 후 다시 노파의 모습으로 변신해서 돌아왔다.

"당신에게 식사를 차려준 아이가 왕께서는 식사를 안 하셨다는데, 배고프지 않습니까? 자, 여기 밥이 있으니 드시지요."

그러자 왕은 탐욕스럽게 밥을 삼켰다. 이런 모습을 본 주술사는 왕이 여성을 과도하게 사랑하며 그로 인해 아이를 가질 수 없음을 알게 되었다.

"가장 나이 많은 여인을 제외하고 모든 여자와 잠자리를 갖지 마십시오. 그리고 가능한 한 멀리 달려보세요. 숲의 한가운데까지 다다르면 이 칼로 넝쿨을 다 쳐내고 아내에게 샘물을 마시게 하십시오."

주술사의 조언대로 왕은 힘껏 달려 숲에 안전하게 도착했다. 가져간 칼로 샘물 위 넝쿨들을 치우다가 엄지발가락을 다쳤지만, 개의치 않고 물을 떠서 아내에게 물을 마시게 했다. 물을 마신 그날부터 왕비는 메스꺼움을 느꼈는데 임신의 징후임을 알았다. 시간이 흘러 그녀는 세 딸을 낳았다. 그들은 세 딸의 이름을 차례로 '라마토아', '라이보', '이파라바비'라고 지었다.

예쁘게 자라난 세 자매는 자신들을 낳게 한 이가 주술사 노파임을 알았기에 그녀를 만나러 가서 말했다.

"할머니. 우리는 결혼하고 싶어요. 결혼할 남자를 찾으러 떠날 텐데 어디 가서 찾을 수 있을까요?"

"오냐, 말해주마. 네가 주는 이 씨앗을 입에 넣고 있다가 심을 만한 곳을 찾으면 뱉어내거라. 그러면 신랑감을 구할 수 있을 거란다."

주술사의 말을 듣고 세 자매는 집을 나섰다. 한 마을을 지나갈 때 그녀들이 사람들에게 물었다.

"우리 셋 중에서 누가 가장 예쁜지 알려줄 수 있나요?"

"당신들 모두 예뻐요. 라마토아도 예쁘고 라이보도 예뻐요. 하지만 가장 예쁜 아가씨는 이파라바비랍니다."

두 언니는 화가 나서 막내의 목과 팔에 둘렀던 진주목걸이와 팔

찌를 빼서 덜 예뻐 보이게 만들었다. 이파라바비의 장신구를 빼낸 자매는 벼를 키우는 남자들에게 다가가 물었다.

"우리 셋 중에 누가 제일 예쁜지 알려줄래요?"

"라마토아가 아름답네요. 물론 라이보 아가씨도 예쁘고요. 그래도 가장 아름다운 분은 이파라바비입니다."

두 사람은 화를 내며 막내를 가리키며 말했다.

"막내 머리카락을 잘라야겠어."

세 자매는 다시 걷다가 논에서 잡초를 제거하는 이들을 만나 물었다.

"우리 셋 중에 누가 제일 예쁜지 알려줄래요?"

"라마토아가 아름답네요. 물론 라이보 아가씨도 예쁘고요. 그래도 가장 아름다운 분은 머리카락이 짧은 이파라바비입니다."

그러자 큰 언니가 둘째에게 말했다.

"막내가 입은 예쁜 옷을 벗기고 다른 옷으로 갈아입히자."

마침내 세 자매는 미혼의 왕이 다스리는 마을의 물웅덩이에 이르렀다. 잠깐 자리를 잡고 앉았던 이파라바비는 할머니가 준 씨앗을 그곳에 심었다. 그녀들이 쉬고 있을 때 왕의 하인이 물을 뜨러 왔다. 하인은 물을 떠 왕에게 돌아가 세 명의 아름다운 소녀들을 보았다고 말했다. 왕이 그녀들을 불렀다. 아름다운 옷을 입은 언니들과 누더기를 걸친 이파라바비가 그 뒤를 이어 걸어갔다. 왕은 두 언니의 미모에 반해 결혼을 신청했다. 막내는 하녀처럼 대우받았다.

얼마 후, 막내가 심은 씨는 나무로 자랐고 열매가 아닌 은과 산호, 진주와 옷 등이 열렸다. 이를 본 사람들이 다가와 그것들을 보기를 원했지만, 나무가 너무 자라 하늘을 향해 솟아올라서 아무도 그 열매를 딸 수 없었다. 이 나무 소식을 들은 두 언니가 남편에게 말했다.

"우리는 그 나무가 씨앗이었던 것을 알고 있어요. 그 나무는 우리 것이랍니다."

"그러면 나무에 가서 멋진 열매들을 따러 갑시다. 그것들이 모두 우리 것이니 마을 사람 모두를 불러 함께 가봅시다."

이 순간 이파라바비의 머리카락은 다시 자랐고 나무에서 자란 아름다운 옷을 입고 있었다. 모든 사람이 모였을 때, 예쁘게 차려입은 두 언니는 자부심에 가득 차서 나무로 다가가 이렇게 말했다.

"나무야! 우리가 너를 심었으니 가지를 내려주렴. 그게 아니라면 가지를 거둬가렴."

이 말이 끝나자 나무는 더욱 높이 자라 하늘로 뻗어 나갔다. 사람들은 나무가 두 언니의 것이 아니라고 속삭였다. 그러자 이파라바비가 나무 앞으로 나아가 말했다.

"나무야, 나무야! 내가 만일 창조신과 대지의 신의 딸이자, 할머니가 주신 씨앗의 주인이라면 가지를 내려주렴, 그게 아니라면 가지를 거둬가렴."

그녀가 말을 끝내자마자 나무의 가지가 그녀를 향해 내려왔다. 그리고 사람들에게 열매를 딸 수 있게 했다. 그러자 사람들이 그녀야말로 이 나무의 진정한 주인이라고 속삭였다. 이를 본 왕은 깜짝 놀랐다. 그는 이파라바비가 얼마나 아름다운지를 알아차렸다. 그리고 언니들이 그녀를 하녀로 만들었다는 것까지 알게 되었다. 갑자기 왕이 소리쳤다.

"나는 이파라바비를 왕비로 선택하겠다."

두 언니는 왕의 말에 항변하려 했으나 한 마디를 꺼내자마자 모기로 변하고 말았다.

탐볼로

… 벳시미사라카 부족 민담, 안데보란토 지역

자녀가 없었던 부부가 있었다. 평생을 자식을 갖기를 원했던 두 사람은 주술사를 자주 찾아갔다. 그가 건네준 오디를 넣은 물로 몸을 씻고 마음을 선하게 먹었지만 모두 소용이 없었다. 어느 밤, 같이 자리에 누웠을 때 남편이 꿈을 꿨다. 꿈속에서 신이 그에게 말했다.

"도끼를 가지고 대나무 숲에 들어가서 너희 부부의 마음에 드는 것이 나올 때까지 잘라내어라."

날이 밝지 않았음에도 남편은 자리에서 일어나 더듬거리며 도끼를 찾았다. 도끼의 날을 날카롭게 가는 것을 본 아내가 그에게 말했다.

"아직 날이 밝지도 않았는데 어디를 가시려고요?"

남편은 대답하지 않고 도끼날을 계속 갈았다. 날이 잘 벼려져 날아가는 파리를 두 조각으로 자를 정도가 되자, 그는 집을 나섰다. 대나무 숲에 도착한 그는 가장 큰 대나무를 자르기 시작했다. 수많은 대나무를 잘랐음에도 마음에 드는 것이 나타나지 않았다. 하늘을 보며 그는 말했다.

"아! 벌써 정오가 되었군."

점심때가 되었다. 그는 열 개의 대나무를 베어내고 집에 갈 준비를 했다. 다섯 그루의 대나무를 베었을 때, 작고 앙증맞은 아기를 발견했다. 처음에 남편은 어리둥절한 상태에서 멍하니 있다가 정신을 차리고 몸을 숙여 아이를 안아 들었다. 너무 여린 아기를 감히 쳐다보지도 못한 채 서둘러 집으로 돌아갔다. 그는 마을의 입구에서부터 아내를 향해 소리쳤다.

"여보, 어서 오디를 찾아 먹고 젖이 나오도록 하시게. 빨리 서두르시게."

남편이 데려온 아기를 보지도 못한 채 아내는 주술사를 찾아갔다. 주술사는 그녀에게 오디를 주었고 그녀가 집으로 오기도 전에 가슴이 젖으로 차오르기 시작했다. 아내는 아이를 품에 안고 젖을 물렸다. 그리고 마을의 여자들에게 아기를 자랑스럽게 보여주었다. 여자들이 물었다.

"이 귀여운 아기는 어떻게 생긴 겁니까? 아무도 당신이 임신한 것을 몰랐는데 말이지요."

"우리가 찾았다네. '자하나리' 신께서 우리에게 아기를 주신 것이지."

마을 사람 모두가 자하나리 신의 아들이라고 생각한 아이를 부부는 '탐볼로'라 부르며 애지중지 키웠다. 아이는 무럭무럭 자라 마을의 친구들과 놀 나이가 되었다. 하지만 싸움을 좋아하고 이기기를 원하는 그의 성격으로 친구들은 그와 노는 것을 좋아하지 않았다.

아들은 나이가 차자 아내를 얻기를 원했다. 그의 아버지와 어머니는 사람들에게 말해 가장 아름다운 소녀들을 찾았으나 아들은 그녀들을 거절했다. 그런데 북쪽 마을에 아주 아름다운 소녀가 살고 있었는데, 그녀는 자하나리 신의 딸 만큼이나 예쁘다고 소문이 났다. 그녀의 이름은 '파라나옴비'라 불렸다. 그 여자는 '라모하미나'와 결혼했는데 그녀의 남편은 질투가 심했다.

탐볼로가 아버지에게 말했다.

"아버지, 칼을 하나 만들어주세요. 라모하미나의 아내를 데려오게요."

"뭐라고? 어쩌겠다고? 라모하미나의 부인을 뺏을 수 있다고 생각하는 거냐? 너는 그가 짐승처럼 포악한 사람이라는 것을 알고 있느냐? 여기 있거라. 죽을 자리를 찾아갈 필요가 없다."

"아버지. 걱정하지 마세요. 나는 사람에게서 난 것이 아니고 신에 의해 찾아진 자입니다. 저를 믿어보세요."

이렇게 아버지를 안심시킨 그는 파라나옴비가 사는 곳으로 향했다. 가는 길에 그는 대나무로 물을 뜨러 오는 할머니를 만났다. 그녀는 그를 보자마자 대나무를 부러뜨렸다. 잘생긴 탐볼로의 얼굴을 보며 말을 걸었다.

"내 말을 들어보게, 탐볼로. 내가 예쁘지 않은가?"

"할머니, 제가 신부를 찾아 여행을 나선 이유는 당신이 아니라 아름다운 파라나옴비를 만나기 위해서랍니다."

할머니는 화를 내며 소리쳤다.

"너는 저주를 받아 죽을 것이다. 살아 있는 사람들과는 같이 머물지 못할 것이야."

탐볼로는 길을 계속 가다가 낚시를 하는 젊은 여인들을 만났다. 잘생긴 그를 보자 여인들이 잡던 물고기를 던져버리고 옷깃을 펼쳐 보이며 탐볼로를 유혹했다. 하지만 그는 이렇게 말했다.

"내가 신부를 찾아 여행을 나선 이유는 당신들이 아니라 아름다운 파라나옴비를 만나기 위해서랍니다."

파라나옴비의 집은 매우 높고 높아서 창문을 통해 멀리까지 볼 수 있었다. 하녀가 탐볼로를 발견하고 파라나옴비에게 말했다.

"남쪽에서 한 남자가 오고 있어요."

허영심 많고 잘난체하기를 좋아하는 파라나옴비가 예쁜 옷을 입으러 간 사이에 남쪽에서 온 남자는 그녀의 집을 향해 다가왔다. 잘생긴 탐볼로를 보고 정신이 혼미해진 파라나옴비를 깨우며 그가 말했다.

"사랑으로 인해 당신이 기절한 것이라면, 호흡이 돌아올 것이오. 사랑의 감정이 아니라면 그대로 있으시오."

정신을 차린 그녀를 보고 이번에는 탐볼로가 정신을 잃었다. 그러자 그녀가 자신의 옷자락으로 그의 숨결을 돌리게 했다. 서로 인사를 나눈 후, 탐볼로가 그녀에게 말했다.

"나는 진정으로 당신을 아내로 맞이하고 싶소."

"그렇게 하세요. 하지만 조심해야 합니다. 라모하미나는 난폭한 사람이에요. 저는 어떻게 해야 할지 모르겠어요."

"그와 나는 모두 싸움꾼입니다. 우리가 싸워서 결정하지요."

그때 라모하미나의 엄마가 아들에게 달려가 말했다.

"라모하미나야! 어서 집으로 가봐라. 네 아내를 납치하려는 자가 왔단다."

쇠를 벼르고 있던 그가 대답했다.

"감히 어떤 인간이 이곳에서 내 아내를 납치할까요? 그 말을 믿지 못하겠네요."

그는 칼을 들어 엄마의 가슴 끝을 잘라내었다. 연이어 그의 아버지, 할머니, 형도 그에게 경고하러 왔다가 귀를 잘렸다. 결국, 그의 여동생까지 같은 말을 하자 그제야 마을의 자기 집으로 향했다. 그는 아내가 한 남자와 서로 사랑하는 것을 보았다. 그는 즉시 오두막에 불을 질렀다. 하지만 탐볼로는 비를 불러 불을 꺼버렸다. 동시에 천둥소리가 라모하미나의 가족들을 공포에 빠트렸다. 라모하미나가 그에게 말했다.

"네가 남자라면 그 오두막에서 나와라. 누가 파라나옴비를 가질 것인지 창을 던져 겨뤄보자."

"조금만 기다려라. 자네 아내가 내 발에서 이를 잡는 중이니."

잠시 후, 탐볼로가 칼을 들고나오자 라모하미나가 말했다.

"꼬마야. 조심해라. 내 칼의 별명이 심장 찌르기라고 부른단다."

"늙은이! 너나 조심해. 내 칼의 별명은 사타구니 쪼개기라고."

"칼을 놓치지 말고 잡고 있어라. 꼬마야."

"네 칼이나 꽉 쥐고 있으라고. 자네 부인이 나를 기다리고 있으니, 어서 끝내자고."

그러자 라모하미나가 칼을 던지며 소리쳤다.

"자! 내 칼맛 좀 봐라."

탐볼로가 그의 칼을 받아내는 순간 라모하미나의 칼은 다섯 조각으로 부러졌다. 이번에는 탐볼로가 소리쳤다.

"자! 내 칼맛이 어떠냐?"

그리고 그의 칼은 라모하미나의 가슴을 찌르고 등으로 빠져나왔다. 그가 죽은 후 파라나옴비는 탐볼로의 아내가 되었다. 싸움에서 이긴 탐볼로에게 사람들이 말했다.

"우리는 기꺼이 당신의 하인이 되겠습니다."

탐볼로는 아내의 가족을 포함한 마을 사람들을 데리고 그곳을 떠났다. 아들의 승리 소식을 들은 그의 아버지는 많은 소를 잡았고 모든 사람이 나와 그의 귀환을 축하했다. 탐볼로는 위대한 왕이 되었고 그의 이름은 나라 전체에 알려졌다.

북쪽의 왕과 남쪽의 왕

··· 메리나 부족 민담, 타나나리베 지역

　북쪽과 남쪽의 왕이 각자 자신의 마을을 떠나 쉬던 중, 우연히 산에서 만났다. 서로 인사를 하고 함께 대화한 후, 게임을 시작했지만 둘 다 매우 잘했기에 상대방을 이길 수 없었다. 게임을 끝낸 두 왕은 성별이 다른 자녀가 생기면 둘을 혼인시켜 자신들의 만남을 지속하고 또한 그들이 만난 것을 기념하기 위해 그 장소에 큰 돌을 세우기로 했다.

　얼마 후, 북쪽의 왕이 결혼해서 아이를 낳게 되었다. 부부는 아이에게 '라보니아마소보니아마노로'라는 이름을 주었다. 아이가 자라 소녀가 되자 북쪽의 왕은 그녀에게 남쪽의 왕과 맺은 약속을 알려주었다. 딸은 아버지의 말을 지키겠다고 대답했다. 하지만 남쪽 왕에게 아직 아들이 없다는 사실을 알고 슬퍼했다. 그런데도 그녀는 다짐했다.

　"시간이 필요할지라도 나는 기다릴 거야."

　어느 날, 마을에서 조금 떨어진 들판을 걷고 있을 때 돌의 남자라고 불리는 '라이바토'가 그녀의 미모에 반해 아내로 삼기를 원했다. 그는 야생 레몬을 던져 그녀의 주의를 끌며 조금씩 마을에서 먼 곳으로 그녀를 이끌어갔다. 그리고 이렇게 해서 라이바토는 그녀를 납치하여 아주 먼 미지의 나라로 데려갔다. 그녀가 사라진 후, 남쪽 왕의 아내가 잉태했다. 놀랍게도 어머니의 태중에서 아이가 말을 했다.

"엄마! 작고 날카로운 칼을 나에게 주세요."

이 말을 들은 그녀는 매우 당황하여 왕에게 달려가 상담했다. 왕은 사람들을 모아 아기가 하는 말을 들어야 할지를 물었다. 사람들이 동의하자 엄마는 칼을 넣은 바나나를 삼키고, 아이는 것을 사용하여 엄마의 배를 가르고 밖으로 나왔다. 부부는 아이를 '캇소리랑가랑가라나'로 불렀다.

캇소리랑가랑가라나는 놀라운 속도로 성장했다. 한 주가 지나자 8개월 된 아이만큼 자랐고 두 번째 달에는 여덟 살짜리 아이처럼 뛰어다녔고, 삼 개월이 지나자 마을에서 가장 강한 남자가 되었다. 그리고 그는 부모에게 자신의 아내는 어디 있냐고 물었다. 왕은 그녀가 라이바토에게 납치되었고 어디에 있는지는 아무도 모른다고 아들에게 설명해 주었다. 그는 라보니아마소보니아마노로를 찾으러 가겠다고 선언했다. 부모는 아무것도 모르고 어떻게 그녀를 찾을 수 있느냐 말하며 아들을 만류했다. 라이바토는 돌처럼 단단하고 바위처럼 무거우며 산을 뚫는 강처럼 강하기에 그를 이기는 것은 불가능하다고 설명했지만, 아들은 마음을 바꾸지 않았다. 캇소리랑가랑가라나는 부모에게 자신의 성공을 기도해달라고 부탁했다. 그리고 마을을 떠나기 전에 집 서쪽에 나무를 심고 이렇게 말했다.

"이 나무가 푸르고 튼튼하게 자라는 동안 나도 별일이 없을 거예요. 나무가 시들면 제게 위험이 닥쳤다는 것이고요. 나무가 말라 죽으면 나도 그럴 겁니다."

그는 도끼와 칼, 그리고 밧줄을 가지고 집을 떠났다. 큰 숲의 가장자리에 도착한 그는 도끼로 나무를 베며 말했다.

"나무야, 나무야! 숲속의 나무야!

내가 하늘과 땅의 아들이라면 나를 위해 길을 열어다오.

나에게 쉬운 길을 열어다오."

그러자 나무들이 길을 열었고 그는 큰 강에 다다랐다. 강에는 뗏목도 배도 없었다. 그는 칼을 물속에 던지며 말했다.

"물아, 물아! 신성한 물아!

내가 하늘과 땅의 아들이라면 나를 위해 길을 열어다오."

그러자 물이 양쪽으로 갈라지며 건널 수 있는 땅이 생겼다. 강을 건너자 높은 암벽이 나왔다. 캇소리랑가랑가라나는 가져온 밧줄을 던져 걸고 정상을 밟았다. 이렇게 수많은 난관을 거쳐 라이바토가 사는 들판에 도착했다. 그곳에서 그는 '이코난티트라'라는 이름의 노파를 만났다.

"얘야! 돌아가거라, 돌아가. 라이바토는 돌보다 단단하고 바위보다 무겁단다. 네가 가까이 가면 너를 죽일 거란다."

"이코난티트라님, 그는 결혼했나요?"

"그래. 결혼했지."

"그는 평소 어떤 과일을 먹나요?"

"여기 이 나무에서 나는 과일이 아니라면 무엇을 먹겠니?"

노파가 푸른 과일이 가득 열린 커다란 나무를 가리키며 말을 하자, 그는 과일을 따서 라이바토의 집을 향해 걸어갔다. 가면서 그는 이코난티트라의 얼굴 가죽으로 자신의 얼굴을 가렸다. 길을 가던 그는 들판의 경비원을 만났다. 경비원은 밥을 지어 그에게 대접했다. 보통 밥은 흙으로 만든 그릇에 담았는데, 그릇이 깨져버렸다. 그러자 경비원은 나무 그릇에 밥을 담아 왔는데 그것마저 깨져버렸다. 경비원이 이번에는 쇠 접시에 밥을 담아 왔으나 그것도 깨져버렸다. 이를 본 캇소리랑가랑가라나가 말했다.

"이코난티트라님. 어떤 그릇에 담긴 음식을 드시고 싶으세요?"

"며느리가 먹는 그릇에 담아 주면 맛있게 먹으마."

잠시 후, 캇소리랑가랑가라나는 그녀에게 얼굴 가죽을 돌려주고 길을 떠났다. 얼마 지나지 않아 그는 라이바토에게 물고기를 주려고 그물을 던지던 사람을 만났다. 그들은 수없이 그물을 던졌으나 물고기를 낚는 데 성공하지 못했다. 그들을 도와 물고기를 잡아준 후, 캇소리랑가랑가라나는 라이바토의 오두막에 도착했다. 그를 본 라보니아마소보니아마노로가 말했다.

"여기서 나가세요. 무엇을 하려고 여기에 왔나요? 남편이 본다면 당신을 죽일 거예요."

"아니요. 나는 가지 않을 겁니다. 왜냐하면, 내가 바로 당신의 남편이고 당신은 나의 아내이기 때문입니다."

그리고 그는 그녀에게 자신의 이야기와 옛날 북쪽의 왕과 남쪽의 왕이 맺은 약속을 들려주었다. 그의 말을 들은 여자는 매우 기뻐했으나 라이바토의 힘을 알고 있었기에 매우 두려워했다. 그때 라이바토가 집에 왔음을 알렸다. 그는 캇소리랑가랑가라나가 문을 완전히 닫기 전에 문을 향해 돌진했다. 하지만 문은 열리지 않았다. 곧바로 오두막에 불을 질렀다. 이를 본 여인이 소리쳤다.

"만일 내가 하늘과 땅의 자식이라면 이 오두막이 타지 않는 쇠로 변화하게 하소서."

불로 오두막을 태우는 것에 실패하자 라이바토가 말했다.

"이리 나와라. 우리가 싸워 이긴 사람이 여인을 차지하는 것으로 하자."

두 남자는 가까이 다가가 싸움을 시작했다. 마을 사람들이 두 사람을 에워싸고 그 싸움을 지켜보았다. 싸움을 시작하면서 캇소리랑가랑가라나가 말했다.

"내가 하늘과 땅의 자식이라면 내 칼이 라이바토의 가슴 깊숙이 박히게 하소서."

칼이 상대방의 가슴에 박히자 캇소리랑가랑가라나가 다시 말했다.

"내가 하늘과 땅의 자식이라면 저자가 이 땅에서 사라지게 하소서."

마침내 라이바토는 칼에 찔려 죽음을 맞이했고 먼 바다 밑으로 사라졌다. 이즈음, 캇소리랑가랑가라나가 심은 나무는 시들지 않고 푸르고 튼튼하게 자라고 있었다. 결국, 북쪽 왕의 딸과 남쪽 왕의 아들은 함께 부모에게로 돌아가 두 왕이 맺은 약속을 지켰다.

북쪽의 왕

··· 벳시미사라카 부족 민담, 바토만드리 지역

큰 오두막을 지으려고 백성들에게 나무를 가져오라고 명령한 왕이 있었다. 나무를 베자 피가 흐르는 것을 본 사람들이 두려워 왕에게 찾아가 그 사실을 알렸다. 하지만 왕은 나무를 가져올 것을 고집했다. 나무에서는 더 많은 피가 흘렀다. 이를 본 왕이 말했다.

"더 높은 곳을 잘라보거라."

나무를 베려 할 때, 아름다운 처녀가 나무 그림자에서 나와 왕 앞에 무릎을 꿇었다. 아직 미혼이었던 왕은 그녀에게 말했다.

"너를 내 아내로 삼을 것이다. 어찌 생각하느냐?"

"싫습니다."

"너는 내 아내가 되어야 한다."

"싫습니다."

"나의 아내가 되기를 원하지 않는데, 너는 어째서 내 앞에서 무릎을 꿇고 있느냐?"

"당신은 나를 지킬 수 없습니다."

이 말을 들은 왕이 매우 궁금해하면서 그녀에게 물었다.

"어째서 내가 너를 지킬 수 없다는 것이냐?"

"저는 지켜지는 사람이 아닙니다. 사람들은 저보고 원숭이처럼 변덕스럽다고 말하지요. 내 변덕을 들어주지 않으면 저는 사라지고 말지요."

"그렇다면 나는 네 변덕을 받아주마."

여인의 이름은 '라소아'였고, 그녀는 왕과 함께 오랫동안 함께 살았다. 왜냐하면, 그녀가 싫어하는 말을 왕이 하지 않았기 때문이었다. 하루는 왕이 그녀에게 입 담배를 씹을 것을 권했다. 담배를 싫어했던 그녀는 거부했고 왕은 화가 나서 소리쳤다.

"내가 권하는 것이 그렇게 싫소?"

그녀는 대답하지 않고 자리에서 일어나 기둥을 따라 걸어가 나무 위로 올라갔다. 그녀가 높은 나무 한가운데로 가자 왕이 외쳤다.

"라소아, 내려오구려."

하지만 그녀는 왕의 말을 듣지 않았다.

"라소아, 내려오구려."

그녀는 그에게 한마디의 말도 건네지 않았다. 그녀는 더 높이 올라갔고 이를 본 왕은 궁에서 나와 더 애절하게 말했다.

"라소아! 내 당신에게 천명의 노예를 주겠소. 제발 내려오시오."

"내가 그 천명이 왜 필요하겠어요? 잘 있으세요. 당신은 더 이상 나를 보지 못할 거예요."

왕은 마당에서 꼼짝하지 않고 기다렸다. 비가 오는 날이든 무더운 날이든 왕은 계속 그 자리에 머물러 있었지만 그녀는 다시 돌아오지 않았다. 마침내 왕은 죽었고 사람들이 그를 장례 지냈다.

자나하리 신의 딸

… 벳시미사라카 부족 민담, 암보히미란자 지역

'안드리아노라노라나'가 아내를 구하기 위해 길을 나섰다. '자나하리' 신의 딸이 그들에게 다가왔을 때, 두 사람은 바닷가 모래사장 위에 있었다. 그곳에 있던 많은 젊은이가 그녀의 손을 잡기를 청했으나 그녀는 그들 모두를 거절하고 안드리아노라노라나의 손을 잡아주었다. 그래서 그 둘은 결혼했다. 안드리아노라노라나가 돈을 벌기 위해 떠났다가 돌아왔을 때 아내가 그에게 말했다.

"당신이 번 돈을 보여주세요. 무엇이든 다 알려주세요."

"번 것은 거의 없다오. 대신에 당신과 같은 젊은 소녀를 데리고 왔소."

이 말을 들은 자나하리의 딸은 아무 말도 하지 않고 하늘에 사는 부모님에게로 돌아갔다. 그녀가 출발했을 때 안드리아노라노라나가 소라고둥을 부르며 말했다.

"집으로 돌아오시오."

"당신 동생의 피를 내게 가져와야 나는 돌아갈 것이니 그렇게 아세요."

안드리아노라노라나는 소를 잡아 아내에게 줄 피를 마련했다. 하지만 그녀는 그 피가 소의 피임을 알고 오지 않았다. 그는 이번에 수탉을 잡아 피를 구해 아내에게 주었다. 역시 그녀는 수탉의 피임을 알았다. 그래서 안드리아노라노라나는 남동생에게 가서 약간의 상처를 내어 피를 뽑아 아내에게 주었다. 하지만 자나하리의 딸은 남편의 술수를 알아차리고 자신은 남동생의 죽음이 확인되지 않는 한 집에 돌아가지 않겠다고 다시 한번 강조했다. 안드리아노라노라나는 자신의 동생을 희생시킬 수 없으며 아울러 결혼 생활이 깨지는 것도 원하지 않는다고 말했다.

결국, 그는 혼자가 되어 삶을 마쳤다.

라타올란도하미볼라나

… 벳시미사라카 부족 민담, 알아로안체트라 지역

한 부부에게 세 명의 자식이 있었다. 두 형은 잘 태어나 튼튼하게 자란 반면, 막내는 기형아로 태어나 기괴한 모습을 가졌다. 그는 머리만 있었을 뿐 몸과 팔다리가 없었다. 그런데도 그는 살아남았다. 그의 이름은 '라타올란도하미볼라나'였다.

어느 날 두 형이 부모에게 돈을 벌러 가는 것을 허락해달라고 요청했다. 그러자 막내도 형들을 따라가겠다고 말했다. 그러자 형들이 대답했다.

"너를 데려갈 수가 없어. 팔다리가 없이 어떻게 걸어가려고 하니? 우리가 너를 보살필 수가 없지 않겠어?"

"그래도 따라갈래요. 형들을 피곤하지 않게 한다니까요."

두 형제는 마침내 막내를 데려가기로 했다. 그들은 막내를 꾸러미에 넣고 대나무로 묶었다. 큰길에 도착하자 막내가 형들에게 말했다.

"나를 여기다 내려주세요. 돌아올 때 주변 사람들에게 내가 어디 있는지 꼭 물어보세요."

두 형제는 남쪽으로 계속 나아갔다. 그 사이 막내 곁으로 한 상인이 큰 소 떼와 함께 길을 지나자 그가 외쳤다. 상인은 해골이 말을 하는 것을 보고 겁에 질려 이렇게 물었다.

"어떻게 하면 안전하게 집으로 돌아가 아내와 아이들을 볼 수 있는지 알려주세요. 그러면 제가 가진 소 떼의 절반을 주겠습니다."

그러자 막내가 이렇게 대답했다.

"길을 가다가 강이 나오면 소 한 마리를 죽여 그 머리를 내가 주는 이 나무에 매달고 물에 사는 중생들을 위하여 강에 피가 흐르게 하시오. 그 강은 소를 제물로 바쳐야 건널 수 있다오."

그래서 '벳시미타라카'라는 상인은 이후 소를 죽일 때 목을 매달았다고 한다.

다음으로는 수많은 노예를 거느린 부자가 길을 지나갔다. 그때 막내가 소리쳤다.

"큰 재앙은 북쪽에서 큰 재난은 남쪽에서 온다. 또한, 큰 재앙은 동쪽에서 큰 재난은 서쪽에서 온다."

괴물이 외치는 모습을 본 부자가 말했다.

"이 재앙을 피할 방법을 알려준다면 내 노예의 절반을 주겠소."

막내는 그의 제안을 받아들이며 이렇게 알려줬다.

"조금 가다 보면 길에서 큰 바위를 발견할 것이오. 그곳에 도착하자마자 옷 조각을 잘라 그 바위를 덮으시오."

부자는 자신의 노예 중 절반을 남겨두고 막내가 말한 대로 따라 그 길을 지나갔다. 이로부터 돌 위에 꽃 조각을 놓는 습관이 생겨났다.

또 다른 부자가 소를 사려고 많은 돈을 가지고 지나갔다. 막내가 다시 큰 소리로 외쳤다.

"큰 재앙은 북쪽에서 큰 재난은 남쪽에서 온다. 또한, 큰 재앙은 동쪽에서 큰 재난은 서쪽에서 온다."

겁에 질린 부자가 다가와 어떻게 그 재앙을 피할 수 있는지 물었다.

"내가 무사히 집에 돌아갈 수 있게 된다면 당신에게 내가 가진 돈의 절반을 주겠소."

"여기서 멀지 않은 곳에 여러 개의 무덤이 있소. 당신이 그곳을 지날 때 기름을 지니고 있다가 무덤의 머리에 세워진 돌에 바르시오. 그 무덤은 '자나하리' 신을 위한 무덤이라오."

부자는 자신의 돈을 나누어 막내에게 주고 그가 알려준 대로 하고 길을 무사히 지나갔다. 이후 무덤 머리에 서 있는 돌에 기름을 바르게 된 것이다.

많은 이들이 지나가자 막내는 자신의 노예에게 말했다.

"가서 우리를 위해 집을 만들고 그 옆에 외양간을 지어 소들을 넣어두게나."

노예들은 길을 가다 멋진 마을을 보았고 그곳에 집과 외양간을 지었다. 막내는 그의 재산으로 유명해졌고 한 소녀가 그에 대해 듣고 그를 찾아와 아내가 되기를 자청하며 말했다.

"제가 말하는 것을 잘 들으세요. 당신은 결코 토아카 술을 마시면 안 됩니다. 그것을 마시면 우리는 헤어져야만 합니다."

그때부터 그는 토아카를 마시지 않았고 두 사람은 행복하게 잘 살았다. 시간이 흘러 돈을 벌러 떠난 두 형이 집으로 돌아가기 위해 길을 떠났다. 형제는 막내가 떠난 마을에 도착하자 그에 대해 사람들에게 물었다. 사람들이 그의 집을 알려주자 형제는 막내에게 가서 자신들이 왔음을 밝혔다. 막내는 형들을 위해 큰 잔치를 베풀었으나, 두 형은 부끄러워하며 아무것도 먹지 못했다. 아침이 되자 형들은 막내에게 물었다.

"막내야! 우리는 아버지에게 돌아간다. 부모님에게 전할 말이 있니? 네 소식을 전해드리마."

"잘살고 있다고 전해주세요. 막내아들 걱정은 하지 마시고 한 번 이곳에 놀러와 주시라고 말하고요. 알다시피 내가 그곳으로 갈 수는 없잖아요."

막내의 아내 역시 그들에게 말했다.

"이 돈을 부모님에게 전달해주세요. 그리고 빨리 이곳에 들러 달라고 말씀해 주세요."

두 형제는 길을 나서고 고향 마을에 도착하여 부모에게 말했다.

"여기 우리가 번 돈이 있어요. 슬프지만 막내는 여행 중에 죽어서 묻고 왔어요."

이 소식을 들은 부모는 매우 슬퍼하며 막내아들을 위해 상복을 입었다. 막내는 오래도록 부모님이 오시기를 기다리다 사람을 보내 자신의 소식을 전하고 집에 오시기를 요청했다. 이 소식을 들은 부모는 그 사람의 말을 믿지 않았다. 막내가 이미 죽어 땅에 묻힌 줄로 생각했기 때문이었다. 그래서 막내는 오랜 시간이 지났어도 부모를 만나지 못했다. 그러다 마지막으로 자신이 부리는 하인을 보냈다. 하인은 주인의 부모를 찾아 말을 전했다.

"두 분의 막내아들이 저를 보냈습니다. 벌써 두 번이나 사람을 보내 두 분이 잘 계시는가를 여쭸고 자신의 집에 오시라고 요청했습니다만 아무런 대답이 없어서 마지막으로 저를 통해 소식을 전하라 하셨습니다. 부모님이 살아 계시면 꼭 집을 방문해달라 하셨습니다."

하지만 두 사람은 이번에도 막내가 살아있다는 사실을 믿지 않았다. 라타올란도하미볼라나는 이런 상황을 아내에게 말했다.

"형들이 어떻게 내 소식을 부모님에게 전달했는지 알 수가 없소. 몇 번이고 사람을 보내 우리 집에 오십사 연락드렸는데도 오시지를 않으니 어떻게 하면 좋겠소. 우리가 그곳으로 갈 수는 없지 않소. 집을 비우면 누가 우리 가축을 돌봐주고 하인들을 통솔하겠소. 그러니 우리 번갈아 부모님을 뵈러 가야겠소. 내가 먼저 갈 것이니 그동안 당신이 집에 남아서 관리하시오. 어쨌든 내 부모님은 당신을 아직 모르니 말이오."

"그래도 너무 오래 계시지는 마세요. 그리고 가능하다면 부모님을 모시고 오세요."

막내가 집을 나서 고향 마을에 도착했을 때, 그의 부모님은 죽은 줄 알았던 아들을 보고 너무 기뻐 울음을 터트렸다. 성대한 잔치를 베풀며 가족이 행복한 시간을 보냈다. 음식 중에는 막내가 마시면 안 되는 토아카도 있었다. 아버지가 이 술을 아들에게 따라주자 그는 절대 마시지 않는다고 말했다. 하지만 여러 차례나 주변 사람들이 마시라는 권고에 어쩔 수 없이 술을 마신 막내는 취하고 말았다.

　다음 날 막내는 집에 돌아가길 원했으나 술병이 들어 움직일 수가 없었다. 그의 부모가 갖은 방법을 다해 막내의 병을 치료하려 했지만, 그의 상태는 날이 갈수록 악화하였고 며칠 지나지 않아 죽고 말았다. 그의 아내는 아버지에게로 돌아갔다.

물의 딸

… 벳시미사라카 부족 민담, 타나나리베 지역

너무 가난해서 입을 옷조차 없었던 사람이 있었다. 부모에게 버림받은 이 불행한 사람은 그저 물고기로만 연명했다. 어느 날, 낚시에 아주 무거운 것이 바늘에 걸렸다. 힘주어 줄을 잡아당기자 먼저 여자의 머리카락, 머리, 가슴이 점차 물에서 나오더니 결국, 어린 소녀가 낚싯줄에 걸려 나왔다. 매우 두려워하던 그가 다가가자 그녀가 말했다.

"나는 당신의 아내가 되기 위해 물에서 나왔답니다. 내 이름은 물의 딸이라는 뜻의 '라자자바빈드라노'예요. 하지만 우리가 마을에 도착하면 아무에게도 내 이름을 밝히면 안 됩니다. 이 약속이 깨지면 나는 당신을 떠날 것이고 당신은 앞으로 그 어떤 여자도 가질 수 없을 것입니다."

두 사람이 마을에 도착하자 여인의 아름다움에 놀란 사람들은 모두 어디서 그녀를 찾았는지 알고 싶다고 남자에게 물었다. 하지만 사람들의 물음에 그는 아무 대답도 하지 않았다. 이때부터 물의 딸은 그와 함께 살았다. 그의 오두막은 점점 더 안락해졌다. 하루는 물의 딸이 남편에게 말했다.

"숲에 가서 크지 않은 나무를 베어오세요. 소 외양간을 만들게요."

외양간이 어느 정도 틀을 갖자 아내가 다시 말했다.

"물이 있는 방향으로 문을 만드세요."

그날 밤 자정, 소 떼가 외양간 울타리 안으로 들어오는 소리가 들렸다. 아침이 되어 일어난 마을 사람들이 소 떼를 보고 남자에게 어디서 이것들이 왔느냐고 물었다. 하지만 남자는 아무 말도 하지 않았다. 이들 부부의 집은 점점 더 부유해졌다. 그 해가 가기 전에 물의 딸은 임신해서 사내아이를 낳았다. 남자의 형제들은 아름다운 여인이 어디에서 왔는지, 그 많은 재산은 어떻게 생겼는지, 그리고 포동포동한 아이는 어떻게 나왔는지 알아내겠다고 결심했다.

어느 날 남자가 나무를 하러 숲에 갔을 때, 그의 형들이 비밀을 밝히지 않으면 그를 죽이겠다고 위협했다. 남자는 아내가 마을에서 멀지 않은 호수에서 나왔으며 자신이 낚시하다가 그녀를 얻었다고 고백했다. 그러자 형들이 그를 풀어줬다. 그날 저녁 아내가 그에게 말했다.

"내가 잠시 다녀올 데가 있어요. 그동안 아이를 잘 돌봐주세요. 내가 갔다 오면 당신은 아주 큰 부자가 될 거예요."

남편은 울면서 아내에게 떠나지 말라고 간청했다. 아침이 되자 마을 북쪽의 광장은 황소로 가득 찼다. 이를 본 그녀는 다음 날 정오까지 집에 있겠다고 말했다. 다음 날이 되자 집을 떠나며 그녀가 말했다.

"아이를 안고 나를 따라오세요."

그녀는 자신이 남편과 만났던 호숫가로 가서 이렇게 말했다.

"우리 아이를 잘 키워주세요. 나를 보고 싶다면 아이를 이 호숫가로 데려오세요. 나도 아이가 보고 싶을 때면 집으로 밤에 찾아갈게요."

그녀는 물속으로 사라졌다. 다음 날, 남편은 아이를 데리고 호숫가로 갔다. 그리고 다음에도 수없이 많은 날 동안 그녀를 보러 갔다. 그래서 호숫가로 사람들이 찾아가면 물의 딸은 그들을 향해 반짝이는 물결을 보여주는 것이다.

안드리아나

… 메리나 부족 민담, 타나나리베 지역

'란드라안잔나키니오로나'라는 남자가 '라자나키니오로나'라는 소녀에게 결혼을 신청했다. 소녀는 허락했고 두 사람은 부부가 되었다. 그가 돈을 벌기 위해 떠나며 아내에게 자신의 부모님을 방문하라고 권했으나 그녀는 그가 돌아올 때까지 가지 않겠다고 대답했다. 남편이 떠나자마자 마을의 한 남자가 그녀를 강제로 끌고 갔다. 강이 두 사람을 가로막았지만 '안드리아마니트라'의 아들인 이 남자는 옷에 물 한 방울 묻지 않고 그녀를 데려갔다.

장사를 끝내고 집으로 돌아오던 란드라안잔나키니오로나는 멀리 가는 두 사람을 보고 말했다.

"저 여자는 라자나키니오로나와 닮았는걸."

집에 돌아온 그는 아내가 없는 것을 보고 옆집 사람에게 물었다.

"내 아내를 보지 못했나?"

"모르겠는걸."

그제야 집으로 오는 길에 스쳐 간 여인이 자신의 아내였음을 알고 그는 급하게 두 사람을 쫓기 시작했다. 강에 도달하자 반대편 강둑에 있는 아내를 향해 외쳤다.

"여보! 라자나키니오로나! 돌아와요."

그의 아내가 자신을 끌고 가는 남자에게 말했다.

"남편에게 돌아가고 싶어요. 나를 놔주세요."

"그렇게 하게나."

그녀가 남편에게 와서는 말했다.

"나를 놓치지 말고 잡아주세요."

아내를 꽉 안은 그가 그녀에게 말했다.

"우리 집에 돌아가기 전에 마을 밖 나무 아래서 좀 쉬었다 갑시다."

부부가 나무 아래에 도착하자, 남편이 그녀에게 말했다.

"외간 남자를 따라간 여자를 내가 살려둘 것 같소?"

그는 칼로 그녀를 죽이려 했다. 그러자 아내가 그에게 부탁했다.

"내가 땅에 누울 수 있게 해주세요. 그런 자세로 죽고 싶어요."

"당신의 말을 들어줄 시간이 없소."

"그러면 죽기 전에 마지막으로 하늘이라도 볼 수 있게 해줘요."

그녀가 태양을 바라보는 순간 남편이 그녀의 목을 베었고 그녀는 죽고 말았다. 그가 떠나고 난 후, 안드리아마니트라의 아들이 그녀의 주검에 다가와 울타리를 만들고 죽은 그녀의 부모에게 그녀의 마지막 숨결을 보냈다. 그 숨결은 라자나키니오로나의 부모 집까지 날아갔다. 마당에서 짐승들이 먹지 못하도록 쌀을 감시하던 아이가 갑자기 소리쳤다.

"엄마! 언니의 목소리를 들었어요."

"시끄럽다. 이것아. 언니의 영혼을 깨우지 말아라."

"언니 목소리라니까요. 내 말을 못 믿겠어요?"

그러자 엄마가 방에서 나와 시집간 딸의 목소리를 들었다. 딸의 영혼이 말했다.

"흩어진 내 숨결을 모아줘요. 숨결을 모아서 내가 묻힌 울타리로 오세요."

이 말을 들은 엄마와 동생은 그녀의 숨결을 모아 울타리를 찾아갔다. 울타리를 지키고 있던 안드리아마니트라의 아들이 그녀들을 보고 말했다.

"어서 오세요. 여기에 당신의 딸이 묻혀 있답니다. 그녀가 다시 살아오기를 바란다면 조용히 기다리세요. 이 여인이 되살아나기 위해서는 삶의 숨결이 필요하답니다. 기다리세요."

이렇게 말하고 난 그는 울타리에 묻힌 그녀를 보며 말했다.

"라자나키니오로나여. 그대는 왜 움직이지 않습니까?"

그러자 그녀가 조금 움직였다. 그가 다시 말했다.

"라자나키니오로나여, 그대는 왜 일어나지 않습니까?"

그러자 그녀가 일어났다. 그가 라자나키니오로나의 엄마에게 말했다.

"흰쌀로 지은 죽을 그녀에게 먹여야 합니다."

그녀의 엄마가 죽을 만들어주자 그는 라자나키니오로나에게 말했다.

"이 죽을 먹으시오. 먹고 나면 우리는 떠나야 합니다."

그녀가 식사를 마치자 길을 나서며 안드리아마니트라의 아들이 말했다.

"오! 나의 아버지여, 오 나의 어머니여! 라자나키니오로나가 되살아날 수 있도록 도와주소서."

그는 사람들을 불러 그녀를 옮기게 했다. 그런데 그녀를 옮기는 방향에는 그녀의 남편인 란드라안잔나키니오로나의 집이 있었다. 일행이 그의 집 앞으로 다가오자 란드라안잔나키니오로나는 집 앞으로 나와 무슨 일이 있는지를 살펴보았다. 길에는 이미 마을 사람들이 모여있었다. 그중의 한 사람이 다가오는 일행을 보고 말했다.

"이보게, 란드라안잔나키니오로나! 저 여인은 자네 아내였던 라자나키니오로나와 닮지 않았는가?"

"무슨 소리를 하는가? 그녀는 마을 밖 나무 아래에 묻혀 있는걸."

"아닐세. 아니야. 바로 그녀와 꼭 닮았다니까."

이 말을 들은 란드라안잔나키니오로나는 가까이 가서 보고는 자신의 아내임을 확인했다. 그는 아내를 실은 일행을 막아서고는 말했다.

"내 아내를 내려놓으시오."

그러자 안드리아마니트라의 아들이 그에게 말했다.

"이 여자는 당신의 아내가 아니오."

"네가 감히 거짓을 말하다니 죽고 싶은 모양이구나."

"다시 말하지만, 이 여자는 당신의 아내가 아니오. 우리를 막지 마시오. 우리는 갈 길이 멀다오."

"나도 다시 말하지. 내 아내를 내놓아라."

안드리아마니트라의 아들은 더는 참지 못하고 일행을 막아선 남자를 향해 주문을 외웠다.

"개로 변하거랏!"

그러자 남자는 개로 변했다. 그가 사람들을 향해 짖어대자 그들은 개를 향해 빗자루를 던졌다. 개로 변한 란드라안잔나키니오로나는 자신을 이렇게 만든 안드리아마니트라의 아들과 싸우고 싶었으나, 그의 입은 사람의 말이 아닌 개 짖는 소리가 나왔다.

자식이 없었던 부부

… 안탄카라나 부족 민담, 보헤니아 지역

   자녀가 없는 매우 부유한 부부가 있었다. 하루는 부부가 자신들이 아이를 가질 수 있는지를 묻기 위해 '라노콤베'라는 점술사를 찾아갔다. 점을 본 점술사가 부부에게 말했다.

   "아이를 가질 수 있을 거네. 우선 도끼, 단도, 큰 바늘, 삽, 작은 바늘을 준비해서 숲에 가보시게. 숲에 가서 짙은 녹색 잎을 가진 높은 나무를 찾은 후, 가지고 간 도구를 번갈아 사용해서 그 나무를 자르게나. 그리고 나뭇잎을 쳐내게 되면, 그 잎을 물에 담가 매일 마시다 보면 아이가 들어설 걸세. 해보겠나?."

   점술사에게 고맙다는 인사를 하고 부부는 다섯 가지 도구를 준비해서 숲으로 갔다. 다행히 숲속에서 높은 나무를 어렵지 않게 발견했지만 누가 먼저 시작해야 할지를 몰라 서로 주저했다. 잠시 뒤 부부는 남편이 우선 나무를 자르는 것으로 결정했다. 그는 다섯 가지 도구를 차례로 사용하였으나 큰 효과를 못보다 큰 바늘을 사용하고 나서야 나무를 잘라낼 수 있었다. 부부는 이제 누가 잎사귀를 따야 하는지 다시 논쟁을 벌였다. 이번에는 아내가 잎사귀들을 따서 오두막으로 가져갔다. 깨끗한 바구니에 잎들을 넣고 매일 아침 그 물을 마신 후, 아이를 가질 수 있었다.

   아내가 임신하자 남편이 말했다.

"아이가 사내라면 나와 같은 이름을 지어줍시다."

9개월 후, 그들 사이에 아들이 태어났고 아버지의 이름을 따서 '안드리암바오마나'라고 불렀다. 아이가 걸을 수 있게 되었을 때, 아내가 두 번째로 임신했다. 그런데 이 아이는 첫째 아이가 수염이 날 정도로 큰 경우에만 어머니의 뱃속에서 나올 것이라 했다. 아이가 뱃속에서 엄마에게 말해준 것이다. 또 아이는 이런 말도 했다.

"엄마, 엄마가 나를 위해 황금으로 된 침대를 써야 나는 나갈 거예요."

아이가 하는 말을 들은 아버지는 놀라서 안드리암바오마나에게 말해서 대포를 쏘라고 말했다. 그렇게 하면 소리에 놀라 아이가 나올 거라고 판단했기 때문이었다. 하지만 아이는 여전히 엄마의 뱃속에서 말했다.

"엄마, 나는 비단 이불이 준비되어 있지 않으면 안 나갈 거예요."

아버지는 다시 아들에게 대포를 쏘라고 명령하며 그 소리에 아이가 나오기를 원했다. 아이가 세 번째로 엄마에게 말했다.

"엄마, 칼을 삼키세요. 내가 이제 나갈게요."

아이의 말을 듣고 엄마는 칼을 삼켰다. 아이는 칼로 옆구리를 베고 나온 후, 엄마의 상처에 손을 눌러 치료했다. 아이는 이미 수염이 자란 상태에서 나왔다고 한다. 아버지는 두 아들, 안드리암바오마나와 안드리아미아라애볼라에게 말했다.

"너희 둘은 형제이니 서로 사랑하며 살아라. 알아들었느냐? 그리고 안드리암바오마나야, 너는 형으로서 동생의 아내를 취하지 말아라. 안드리아미아라애볼라야, 너 또한, 동생으로서 형의 아내를 취하면 안 된다. 너희의 우애를 깨는 행위이기 때문이다."

그러나 얼마 후, 안드리아미아라애볼라는 아버지의 말을 잊고 형의 아내를 취하려고 했다. 아버지는 다시 두 아들에게 자신이 예전에 말했던 형제 사이의 우애를 떠올리게 했다. 그러나 안드리아미아라애볼라는 형의 아내가 자신의 여자가 될 때만이 행복하다고 생각했다. 그리고 날을 잡아서 먹을 것을 준비하고 형수와 함께 도망쳤다. 어느 정도 집에서 멀어지자 두 사람은 휴식을 취했다. 아내를 빼앗긴 안드리암바오마나는 동생을 쫓아가다 멀리서 그들을 보고 소리쳤다.

"안드리아미아라애볼라야! 아내를 돌려준다면 너에게 소 떼와 큰 집과 부모가 남겨준 유산을 주마."

"형, 내가 소유하게 될 것을 왜 준다고 하나요? 며칠 후에는 다 내 것이 되는데."

하지만 안드리암바오마나는 계속해서 동생을 따라가며 말했다.

"안드리아미아라애볼라야! 아내를 돌려준다면 너에게 소 떼와 큰 집과 부모가 남겨준 유산을 주마."

이러는 동안 두 형제를 오랫동안 기다린 어머니가 남편에게 이렇게 말했다.

"아이들이 서로를 해칠까 걱정입니다. 찾으러 가보는 게 좋겠어요."

"가지 맙시다. 그 아이들을 찾다가 큰일이라도 나면 어쩌겠소?"
그녀는 남편의 말을 따라 집에 머물렀다.

한편 안드리아미아라애볼라와 형수는 부유한 지주의 집 근처에 이르렀다. 그는 형수를 들판에 숨기고 아무도 없는 집에 혼자 들어갔다. 큰 사다리 아래에서 기다리는 동안 집에 돌아온 집 주인이 그를 발견했다. 집주인은 그를 하늘이 자신에게 보내준 사람이라 믿고 아들로 삼았다. 얼마 후, 목이 매우 아픈 집주인이 양아들에게 하인들을 모두 불러 모으라고 시켰다. 아들은 하인들에게 입 크기의 돌을 모아오라고 했고, 이 돌을 불로 달구어 양아버지에게 먹여 그를 죽였다. 결국, 부자의 집은 안드리아미아라애볼라의 소유가 되었고 들판에 숨겨 놓은 형수를 불러 함께 살게 되었다.

네 명의 자매

··· 베치미사라카 부족 민담, 타마파베 지역

돈을 벌기 위해 길을 나선 네 자매가 있었다. 첫째는 '이타오라 노로나', 둘째는 '이파니보이보', 셋째는 '이파나라카라카', 막내는 '이파라바비로'라는 이름을 가졌다. 네 자매는 주술사를 찾아가 자신들 가운데 가장 운이 좋은 사람이 누구냐고 물었다. 주술사가 막내의 운이 가장 좋아 나라의 왕인 '란드리아미하미나'와 결혼할 것이라고 말했다. 그리고 또 다른 조언도 전했다.

"가는 길에 악어가 많은 강이 나올 것이야. 그 강을 건너지는 말고 밑으로 내려가서 건너가도록 해. 강을 건너 길을 더 가면 깨끗한 샘과 그 바로 옆에 더러운 연못이 있는데, 깨끗한 샘물로 몸을 씻으면 안 된다. 그다음에는 너희를 위협하는 황소가 있을 거야. 그러면 돌아가지 말고 황소의 배 아래로 기어서 가거라. 그러면 왕이 사는 마을에 도착할 거야. 악기를 연주하는 사람이 보여도 듣지도 보지도 말고 지나가야 한다. 알았지?"

네 자매는 길을 나섰다. 악어를 무서워하는 첫째는 염소로 변장하고 강을 건넜다. 둘째는 멧돼지로 변신해서 깨끗한 물로 몸을 씻었다. 셋째는 황소가 무서워 개로 변신하고 다른 길로 돌아서 갔다. 그리고 막내만이 주술가가 말한 모든 조언을 따랐을 뿐이었다. 왕의 마을에 도착했을 때는 네 자매가 악기를 연주하는 사람들을 보지 않고 지나쳤다. 왕은 막내에게 마음을 보여주었다. 나머지 자매는 염소, 멧돼지, 개의 모습을 지니고 있었기 때문이었다.

세 자매

⋯ 베치미사라카 부족 민담, 아니보라노 지역

세 자매가 마을 밖으로 놀러 갔다. 이들 중에서 '파라바비'가 알을 발견했다. 그녀는 달려가 자매들에게 물었다.

"어떤 새가 이 알을 낳았을까?"

"모르겠네. 가서 엄마에게 물어보자."

신기한 알에 흥겨워진 파라바비는 엄마에게 가서 물었지만, 그녀도 어떤 새가 이 알을 낳았는지 몰랐다. 그녀가 딸에게 말했다.

"가서 할아버지에게 물어보렴."

할아버지는 그녀에게 '시게트'의 알이라고 알려주며 바구니에 담아 보관하라고 알려줬다. 다음 날 아침, 새벽닭이 울자 시게트의 알은 부화하여 소가 되었다. 그리고 바구니로는 소를 담을 수가 없었다. 파라바비는 소를 통에 넣으려 했다. 하지만 통에도 소를 담을 수 없자 그녀는 커다란 구멍을 찾았다. 그녀는 소를 데려와 그곳에 가두었다.

날씨가 좋은 날 파라바비의 엄마가 그녀에게 몸이 아픈 할아버지를 보러 갔다 오라고 말했다. 그녀가 떠나자 엄마는 소를 죽이기 위해 구멍에 다가가 딸의 목소리를 가장해 소를 불렀다. 그런데 그녀의 목소리가 굵어서 소가 나오지를 않았다. 사실 그녀는 딸 둘과 이미 의논을 했었다. 자신이 소를 불러 소가 나오면 뿔을 때려서 죽이기로 한 것이다. 소가 나오지 않자 이번에는 딸 중의 하나가 파라바비의 목소리를 가장해 소를 불렀다. 구멍에서 소가 나오자 그녀들은 소를 죽였다.

이때 파라바비는 마을에서 멀리 떨어져 있었음에도 이렇게 혼잣말을 했다.

"내 소고기 냄새가 나네."

그녀가 집에 돌아왔을 때 엄마는 그녀에게 소고기와 함께 밥을 차려왔다. 그녀는 음식에는 손도 대지 않고 소를 찾으러 갔다. 구멍 근처에 가서 자신의 소를 불렀지만, 소는 오지 않았다. 그녀는 울면서 말했다.

"소를 죽여서 잡아먹은 것이 분명해."

파라바비는 슬퍼하며 다시 집으로 돌아와 쌀을 찧으며 말했다.

"아빠는 나를 사랑하지 않아. 엄마도 나를 사랑하지 않아."

"아빠는 나를 사랑하지 않아. 엄마도 나를 사랑하지 않아."

그리고 마당에 나와 옆집으로 가서 문을 두드렸다.

"누구세요?"

"나야, 파라바비!"

"집으로 들어와."

그녀가 집으로 들어가자 친구가 그녀에게 말했다.

"가서 언니들이 밥을 먹는 것을 막아야 해."

그 말을 듣고 그녀는 언니들에게 말했다.

"밥을 먹지 마세요. 밥을 먹으면 주인이 노예가 되고 노예가 주인이 된대요."

 그 노래를 들은 자매가 엄마에게 가서 말을 전했다.

 엄마는 파라바비의 말을 듣고 밥을 먹지 않았다. 그녀의 가족은 소를 여러 마리 잡아 자신들의 잘못을 빌었다.

물에서 나온 소

··· 안탄카라나 부족 민담, 보헤마르 지역

세 자매가 물가를 산책하다가 세 개의 알을 찾았다. 큰 언니가 말했다.

"나는 이 알로 요리할래."

둘째가 말했다.

"내 알은 암탉에게 줘서 병아리로 만들고 싶어."

막내가 말했다.

"나는 연못에 넣고 놀아야지."

이 말을 들은 두 언니는 막내의 결정을 비웃었다. 그렇지만 막내는 알을 물에 넣었고, 며칠이 지나자 알이 부화했다. 그녀는 연못가에 와서 노래를 부르며 병아리를 불렀다.

"내 알아, 내 알아. 네가 보고싶구나. 내 곁에 와주렴."

그러자 병아리가 물속에서 나와 큰 닭으로 변했다. 막내는 매우 만족해하며 닭을 쓰다듬었다. 그리고 연못에 놔주었다.

다음 날, 그녀는 다시 와서 닭을 불렀다. 그런데 이번에는 물속에서 닭 대신에 살찐 소가 나왔다. 이것을 본 막내는 매우 좋아했다. 그리고 매일 자신의 소를 보러 왔다. 이런 딸을 보면 부모는 그녀가 어디를 그렇게 가는지를 궁금해 했다. 그래서 막내딸을 뒤따라가서 그녀가 노래를 부르자 물속에서 나오는 것을 보았다. 이를 보고 그들은 막내를 속이기로 했다. 막내가 집으로 돌아오자 부모는 그녀에게 말했다.

"네 언니가 아프다는데, 가서 소식을 알아보고 오렴."

딸이 떠나자 그들은 연못에 가서 딸인 듯이 소를 불렀다. 남편이 먼저 소를 불렀다.

"물에서 나온 소야, 물에서 나온 소야. 이리 나오렴."

하지만 소는 나오지 않았다. 그래서 아내가 소를 불렀으나 결과는 마찬가지였다. 어쩔 수 없이 그들은 막내와 목소리가 비슷한 다른 딸을 데려와 소를 부르게 했다. 그러자 소가 바로 물속에서 나왔다. 소가 나오자마자 부모는 소를 줄로 묶은 후 도살했다.

얼마 후, 막내딸이 집에 돌아왔다. 부모에게 아픈 언니의 소식을 전하고 바로 연못으로 가서는 여느 때처럼 자신의 소를 불렀다. 하지만 소의 반응은 없었다. 집으로 돌아간 그녀는 슬픔에 빠져 아무것도 먹지 않았다. 집으로 돌아가 마당에서 소의 잔해를 본 그녀는 연못으로 달려가 노래했다.

"모래야, 모래야. 나를 집어삼켜라. 아버지도 어머니도 나를 사랑하지 않는구나."

그러자 모래가 갈라져 막내딸을 삼켜버렸다. 그리고 그곳에서 물에서 사는 모든 생물들이 나왔다.

치실라

… 베치미사라카 부족 민담, 보헤마르 지역

매우 부유한 남자가 있었다. 그의 아내가 임신했을 때, 이미 그에게는 여러 명의 아이가 있었다. 슬프게도 이번에 낳은 아이는 기형아로 태어났다. 아이는 머리부터 발까지의 몸이 반쪽밖에 없었다. 아이의 아버지는 안타까워하면서도 아이를 사람들에게 보여주자고 제안했다. 하지만 아이의 할머니가 아들에게 말했다.

"사람들에게 보여주지 말고 차라리 외딴집을 하나 지으려무나. 내가 거기서 이 아이를 키우겠다."

아들은 할머니와 아이가 함께 살 수 있는 오두막을 하나 지었다. 세월이 흘러 아이는 '치실라'라는 이름을 얻고 탄드로 호수에서 물고기를 잡아 사람들에게 팔 수 있을 만큼 영리하게 자랐다. 하루는 그가 물에서 물고기와 생김새가 다른 아주 작은 것을 꺼내 할머니에게 그 이름을 물었다. 그녀가 이름을 모른다고 대답하고 내다 버리라고 말했다. 하지만 특이한 생김새에 흥미를 느낀 아이는 이것을 키워 보기로 했다. 그는 그것을 오두막 근처 샘에 풀어주고 먹을 것을 주었다. 그리고 '파나노나'라는 이름을 지어주었다. 얼마 후, 그것은 크게 자라나 자신이 머무는 샘을 점점 넓게 만들더니 결국 강까지 연결되는 큰 호수로 만들었다.

어느 날 밤에 치실라는 꿈을 꾸었다. 그 꿈에서 파나노나가 그에게 말했다.

"나의 부모에게 함께 가자."

다음 날 아침이 되자 치실라는 꿈에서 경험한 바대로 호숫가를 산책하다가 강둑에서 햇볕을 쬐고 있는 거대한 짐승을 발견했다. 바로 파나노나가 변신한 것이었다. 둘은 강둑을 따라 걷기 시작했다. 강이 어디선가 휘어져도 짐승은 직진했고 그에 맞춰 강이 그 흐름을 바꾸었다. 몇 시간 후에 그들은 짐승의 집에 도착했다. 그 짐승이 자신의 부모에게 말했다.

"여기 제 친구를 데려왔어요. 이 친구가 없었다면 저는 이렇게 클 수 없었을 거예요."

그의 부모는 아들이 데려온 친구에게 어떤 것을 가지고 싶은지를 선택하라고 말했다.

"돈을 가지고 싶으냐?"

"아니요. 나는 그것을 지닐 수 없잖아요."

"소를 갖기를 원하느냐?"

"제가 어떻게 그것을 집으로 몰고 가겠어요?"

"그러면 네가 갖고 싶은 것을 말해보아라."

그러자 치실라가 그에게 원하는 것이 있다면 무엇이든 그것으로 만들 수 있는 부적을 달라고 조언했다. 그러자 파나노나의 부모가 물었다.

"부적을 주면 되겠느냐?"

"네. 그거면 충분합니다."

부적을 얻은 후 치실라는 파나노나에게 자신이 원하는 것을 가질 수 있는 방법을 물었다.

"네가 '우리에게 돈을 주세요'라고 말하면 된다."

그러자 치실라가 자신의 몸이 완전하기를 원한다고 말하자 그것은 즉시 이루어졌다. 그는 더는 기형아가 아니게 되었다. 그는 친구의 부모에게 깊은 감사를 표하고 짐승을 데리고 돌아왔다. 짐승의 집과 멀리 떨어지지 않은 곳에서 어깨에 총을 메고 있는 한 남자를 만나자 그에게 물었다.

"어깨 위에 맨 것이 뭐예요?"

"뭐든지 파괴하는 무기란다."

"그래요? 이 무기가 어떻게 파괴하는지를 알려주실 수 있나요?"

그러자 남자가 자신의 무기를 향해 이렇게 말했다.

"잘 봐라. 내 사랑하는 무기야! 나를 위해 이 언덕을 무너트려라."

그리고 그가 무기를 발사하자 주변의 언덕들이 무너졌다. 치실라는 깜짝 놀랐다. 그는 지니고 있었던 부적을 향해 자기에게도 같은 것을 만들어 달라고 부탁했다. 그러자 남자가 가진 무기와 같은 것이 나타났다. 이번에는 이를 본 남자가 깜짝 놀랐다. 치실라는 남자에게 그의 무기와 자신의 부적을 바꾸자고 제안했다. 남자는 제안에 동의했고 치실라의 부적을 잡는 순간 치실라는 그의 총으로 남자를 죽였다. 이후 그는 부적과 무기를 가지고 자신의 오두막으로 돌아왔다.

집에 도착한 치실라는 할머니에게 아버지가 보고 싶다고 말했다. 그리고 자신이 살고 싶은 장소에 여러 채의 집을 부적을 이용해서 완성했다. 아버지와 마을 사람들은 치실라가 그 집들을 다 만들었다는 사실을 알고 매우 놀랐다. 그러자 아버지가 자식들에게 그를 초대한 후 마실 술을 주어 취하게 한 다음 그가 가진 모든 것을 빼앗고 그를 다시 가난하게 만들자고 제안했다. 그리고 술을 마련하고 치실라를 불렀다.

치실라가 출발할 때, 할머니가 그를 불러 몇 가지 주의할 점을 알려줬다. 할머니의 마음을 기억하며 그는 주머니에 부적을 넣은 채 집을 나섰다. 그가 아버지의 집에 도착하자 사람들이 술을 건네면서 마시라고 권했고 주는 대로 마신 치실라는 술에 취해 쓰러졌다. 그때를 노린 그의 아버지와 형제들이 와서 물었다.

"어떻게 그렇게 많은 재물을 얻었지?"

"내가 노력해서 얻었지요."

신통하지 않은 그의 말에 가족들은 다시 술을 마시게 하여 그를 잠에 빠트렸다. 가족들은 잠든 그를 깨워 정신이 없는 사이에 다시 재물을 어떻게 얻었는지를 물었다. 잠에 취한 치실라는 엉겁결에 비밀을 말했다.

"부적 덕분이에요."

대답을 들은 가족들은 그의 주머니에서 부적을 꺼내 갔다. 잠에서 깬 치실라는 부적이 사라진 것을 보고 울면서 집으로 돌아갔다. 지나가던 앵무새가 왜 울고 있느냐고 물었다.

"부적을 잃어버렸어. 그것을 찾아주면 원하는 것은 무엇이라도 줄 텐데, 찾아줄 수 있니?"

"여기로 쥐를 오라고 해봐. 내가 쥐와 함께 부적을 찾아줄게."

쥐가 오자 앵무새는 치실라의 아버지 집 안방에 있는 이중으로 잠근 나무상자에 부적이 있다고 알려줬다. 그리고 쥐가 부적을 꺼내오면 자신이 날아가 가져오겠다는 계획을 세웠다. 밤이 오자 쥐는 치실라의 아버지 집에 들어가 상자를 이로 갉아 구멍을 낸 다음 부적을 꺼냈다. 그리고 집의 문이 열리자마자 앵무새의 도움을 받아 도망쳤다. 둘은 부적을 치실라에게 돌려주었다. 치실라는 쥐에게 모든 가구를 갉을 수 있는 자유를 허락했고 앵무새에게는 병아리를 가져갈 수 있도록 했다.

라송곰포디시아이아이(수컷 붉은 참새의 집)

… 타나라 부족 민담, 파라팡가 지역

 마을 사람들이 사람 키 길이의 대나무로 왕을 위해 큰 오두막을 지으려 했다. 그들이 숲에서 대나무의 큰 줄기를 자르려고 할 때, 대나무가 소리쳤다.

 "이보게. 자네 칼이 내 몸통을 자르지 않도록 조심하게."

 이 소리에 놀란 남자가 겁에 질려 다른 쪽 줄기를 자르려 하자 소리가 또 들렸다.

 "이보게. 나 좀 여기서 나가게 이 대나무 감옥을 부숴주게나."

 사람들이 조심스럽게 커다란 대나무를 가르자 그 속에서 사람과 비슷하게 생긴 괴물이 나왔다. 그리고 그는 사람들에게 자신을 소개했다.

 "나는 '라송곰포디시아이아이'라고 한다네. 나는 '자나하리' 신이 만든 피조물이 아니고 사람의 자식도 아니지."

 왕은 이 괴물이 너무 무서워 그에게 왕위를 넘겨버렸다. 이 소식을 들은 자나하리 신은 이 괴물의 오만한 말에 화를 내며 사자를 보내 말을 전하게 했다.

 "모든 것을 창조한 신이 자나하리, 나라는 것을 모른단 말이냐? 피조물 중에서 내가 만들지 않은 것이 어디에 있단 말이냐? 게다가 누가 감히 내가 창조하지 않았다고 말할 수 있단 말이냐? 그에게 가서 오늘 이 바나나를 아침에 심고 저녁이 되기 전에 바나나 열매를 만들 수 있는지 물어보라. 그가 성공한다면, 그를 창조한 것이 내가 아님을 선포할 것이라 전하거라."

그런데 라송곰포디시아이아이에게는 '타망고'라 불리는 붉은 참새가 있었다. 이 새는 앞으로 일어날 일을 미리 내다보며 그 해결책을 제시하는 능력을 지녔다. 그 덕분에 라송곰포디시아이아이는 자나하리 신의 사자가 오는 것을 미리 알 수 있었다.

"친구야. 자나하리 신이 너희 집에 사자를 보냈어. 썩은 바나나를 가지고 와서 너에게 그것을 심으라 하고 저녁이 되기 전에 잘 익은 바나나를 거둘 수 있는지를 확인하겠다고 해. 네가 그것을 하지 못하면 너를 죽이겠데. 그러니 지금 가서 과일과 함께 바나나 나무를 심어야 해. 사자가 볼 수 없게 파인애플 나무 근처에 심는 게 좋아. 그래서 사자가 가져올 바나나를 심고 나서 식사 후에는 잘 익은 바나나 나무를 보여주면 돼."

그는 파망고가 말한 모든 것을 준비했다. 잠시 후 사자가 도착하여 자나하리 신의 말을 전했다.

"라송곰포디시아이아이는 들으시오. 바나나를 심고 오늘 잘 익은 열매를 수확하시오. 성공한다면 당신은 자나하리 신의 피조물이 아님을 인정하신다고 하셨소."

"바나나를 내게 주게나. 그리고 우선 식사를 합시다. 곧 자나하리께 신선한 열매를 가져갈 수 있을 것이오."

식사 후에 그는 사자에게 바나나가 열린 나무를 보여주었다. 사자는 깜짝 놀라 자나하리에게 돌아가 그가 행한 일에 관해 설명했다. 그러자 자나하리가 사자에게 다시 말했다.

"이 뼈를 가져다주고 살아 있는 수탉으로 바꿔보라고 전해라. 성공한다면 그는 나의 피조물이 아니라고 인정한다고 전해라."

이번에도 자나하리 신의 사자가 오기 전에 타망고가 소식을 전했다. 둘은 붉은 수탉이 보이지 않도록 암탉 무리에 숨겨두고 사자가 오기를 기다렸다. 사자가 뼈를 가져오자 그는 그것을 수탉의 근처에 던져놓고, 사자에게 식사하자고 제안했다. 식사 후에 그가 수탉을 꺼내서 사자에게 보여주자 그는 깜짝 놀라 자나하리에게 돌아갔다. 사연을 들은 자나하리 신은 세 번째 시험을 사자에게 전하게 했다.

"이 씨앗을 가져다주고 그에게 논에다 심으라 전해라. 소가 이 씨앗을 짓밟게 한 후에도 모자를 채울 만큼 씨앗을 모은다면 그가 나의 피조물이 아님을 인정한다고 전하거라."

이번에도 타망고의 조언으로 그는 씨앗을 따로 준비하여 미리 논에 뿌려 놓았다. 그리고 자나하리 신의 사자가 가져온 씨앗을 논에 뿌리고 황소가 논을 짓밟도록 하여 그 씨앗들이 진흙과 완전히 섞이도록 했다. 사자와 함께 식사한 후, 신에게 가져갈 씨앗을 모자에 담아 건네자 자나하리 신의 사자는 아무 말도 하지 못한 채 돌아가 버렸다.

얼마 후, 라송곰포디시아이이아이는 자나하리 신에게 가서 그의 딸을 아내로 맞이하고 싶다는 말을 하기로 했다. 그러자 타망고가 역시 그에게 조언했다.

"길을 떠나면 멋진 오두막을 발견하게 될 거야. 그런데 그 안에 들어가지 말아야 해. 죽을 수도 있으니까, 조심해."

타망고의 말을 듣고 라송곰포디시아이아이는 길을 나섰다. 심한 폭풍이 불어 길을 잃은 그는 날씨가 맑아지자 오두막이 있음에도 쉬지 않고 여행을 계속했다. 타망고가 다시 말했다.

"날씨가 매우 더워질 거야. 가지가 많은 나무가 나타날 텐데 그 아래에서 쉬지 말아. 그곳에 자나하리가 숨어있을 거야."

라송곰포디시아이아이가 길을 가는 동안 태양이 가장 뜨겁게 땅을 달구었다. 하지만 그는 그늘을 찾지 않고 계속 나아갔다. 그리고 마침내 자나하리 신 앞에 도착하자 그가 말했다.

"저에게 따님과의 결혼을 허락해주세요."

"그것을 원한다면 가서 서쪽에 있는 커다란 나무를 베어오너라. 그것을 끝낸다면 내 너에게 딸을 주마."

라송곰포디시아이아이는 서쪽을 향해 출발했다. 타망고가 그에게 말했다.

"그곳에 있는 커다란 나무를 자르는 것은 불가능해. 나무를 갉아 먹는 벌레에게 도움을 요청해야 해. 그 벌레들이 대신 나무를 부러트릴 거야."

새의 말을 들은 라송곰포디시아이아이는 벌레들을 불러 나무를 갉아 먹게 한 후, 자나하리에게 찾아갔다. 그러자 신이 다시 말했다.

"이번에는 북쪽에 가서 괴물을 처치하고 오너라. 그 이후에 내

너에게 딸을 주마."

라송곰포디시아이아이는 다시 길을 나섰다. 한 마을에 도착하자 멀리 내다보는 현자인 '라피친조라비트라'가 그에게 물었다.

"어디를 가는가?"

"북쪽으로 갑니다."

"나도 자네와 함께 가겠네."

이렇게 현자가 그와 함께 길을 나섰다. 두 사람이 또 다른 마을에 다다랐을 때, 뼈를 맞추는 현자인 '람파노히타올라나'가 그들에게 물었다.

"어디를 가시오?"

"북쪽으로 갑니다."

"나도 함께 가도 되겠소?"

이렇게 세 사람이 다시 길을 나섰다. 세 사람이 다른 마을에 도착하자 근육을 지탱하는 신경을 만드는 현자인 '람판노호자트라'가 물었다.

"어디를 가시오?"

"우리는 북쪽으로 갑니다."

"나도 함께 갑시다."

이제 일행은 네 사람이 되었다. 이들이 다시 북쪽으로 향하다 살을 만드는 현자인 '람파나오노포'를 만났다. 그가 역시 그들에게 물었다.

"어디를 가시오?"

"우리 모두 북쪽으로 간다오."

"나도 함께 가도 되겠소?"

다섯 명의 일행이 좀 더 길을 나아가자 피부를 만드는 현자인 '람파나호이트라'가 물었다.

"어디를 가시오?"

"우리 모두 북쪽으로 간다오."

"나도 함께 가도 되겠소?"

이렇게 여섯의 일행은 길을 가다 피를 만드는 현자인 '람파나오라'를 만났다. 그가 일행에게 물었다.

"어디를 가시오?"

"우리 여섯은 모두 북쪽으로 간다오."

"나도 함께 갑시다."

이제 일행은 모두 일곱이 되었다. 그리고 일곱 현자 중 마지막인 생명을 주는 현자인 '람판크롬베로나'가 그들에게 물었다.

"모두 어디를 가시오?"

"우리 모두 북쪽으로 간다오."

"나도 함께 갑시다."

이렇게 여덟 사람은 함께 여행을 떠났다. 자나하리 신이 말한 북쪽 마을에 도착했을 때, 타망고가 말했다.

"라송곰포디시아이아이! 나는 더 갈 수 없어."

"그래, 여기 있어. 현자분들도 여기 머물러 있으세요. 나는 괴물을 처치하고 오겠습니다."

그는 마을로 향했고 도착하자마자 괴물과 싸움이 시작되었다. 싸움은 곧 끝났는데 괴물이 숲으로 도망쳤기 때문이다. 라송곰포디시아이아이는 괴물의 아내를 전리품으로 얻었고 그녀와 하룻밤을 보냈다. 하지만 항상 조언을 해주던 타망고가 곁에 없었기에 그는 괴물의 아내가 날카로운 칼을 숨기고 있음을 알지 못했다. 잠이 든 라송곰포디시아이아이는 그녀가 내리친 칼에 목이 잘려 죽고 말았다. 무슨 일이 생겼는지 알 수 없던 현자들은 한참을 기다렸다. 오래도록 그가 오지 않자 한 현자가 말했다.

"더 기다리지 맙시다. 라송곰포디시아이아이는 벌써 죽었소. 그의 몸은 이미 썩어 뼈만 남았을 것이오. 어떻게 하면 좋겠소?"

그들은 마을에 가보기로 했다. 멀리 보는 현자가 그의 땅에 있는 흩어진 그의 뼈를 발견했다. 뼈를 만드는 현자가 말했다.

"내가 흩어진 뼈를 모아보겠소."

그 현자가 할 일을 마치자 살을 잇는 신경을 만드는 현자가 나섰다.

"내가 신경을 만들어 뼈를 연결하겠소."

이번에는 살을 만드는 현자와 피를 만드는 현자가 말했다.

"내가 살을 만들어보리다."

"나는 피를 흐르게 만들겠소이다."

그리고 피부를 만드는 현자도 나섰다.

"나는 그 위에 피부를 만들겠소."

이제 마지막으로 생명을 만드는 현자가 나섰다.

"내 그에게 생명을 불어넣겠소."

모든 일이 끝났다. 일곱 명 현자의 힘으로 라송곰포디시아이아이는 다시 살아났다. 그는 괴물의 모든 재물을 챙겨 일곱 현자에게 많은 소와 노예들을 주었다. 그리고 자나하리 신에게 갔을 때, 신이 그에게 물었다.

"어째서 네가 얻은 재물을 나누어 주었느냐?"

"그들이 죽은 나를 되살려주었기 때문입니다."

"그렇다면 그들에게 그러한 재능을 준 것은 누구냐?"

"당신입니다."

"그렇다. 죽은 너에게 다시 생명을 준 그들은 바로 내가 창조하였다. 그러니 너도 나의 피조물이다. 내가 그들에게 재능을 주지 않았다면 너는 이 자리에 없지 않겠느냐? 너에게 심게 한 바나나 나무, 수탉으로 변한 닭 뼈, 모아서 가져오라던 씨앗 등이 모두 너를 시험해보려 한 것들이다. 네가 가진 그 엄청난 힘은 내 앞에서는 단지 파리의 날갯짓에 불과하다. 너의 자부심은 여전히 광대해 내 피조물임을 인정하지 않으니, 앞으로는 네 이름이 가진 뜻대로 살아보아라."

이렇게 라송곰포디시아이아이는 붉은 수컷 참새의 집이 되었다.

여덟 형제

··· 안탄카라나 부족 민담, 보헤마르 지역

족장에게 반항한 남녀가 있었다. 그들은 족장에게서 도망쳐 50여 마리의 사냥개를 데리고 숲으로 숨었다. 여자는 매년 임신하여 여덟 명의 아이를 낳았다. 이들 형제는 튼튼하게 자라 서로를 아끼고 부모의 말에 순종했다. 어머니가 힘들어하지 않게 많은 일을 처리했다. 큰형이 동생들에게 말했다.

"얘들아! 이제 우리의 여자를 구하러 가자. 아내를 구하면 어머니의 일이 훨씬 적어지지 않겠니?"

"그럼, 가요. 그런데 어디 가서 아내가 될 여자를 구하지요?"

"아버지에게 물어보자."

아버지의 설명을 들은 형제들이 길을 나섰다. 집을 떠나 8일이 지났을 즈음 마을이 하나 보였다. 그들은 마을 족장의 오두막을 찾아갔다. 그들을 본 족장이 말했다.

"어디를 가느냐? 감히 내 집을 찾아오다니. 그런데 나무껍질로 만든 옷을 입은 이유가 뭐냐? 다듬지 않은 긴 머리와 지저분한 몸도 그렇고. 바깥에서 사람들이 외치는 소리가 들리느냐? 소들이 내는 소리도 들리겠지? 이 모두가 이 마을이 행복한 이유란다."

족장의 말을 들은 형제들이 공손하게 대답했다.

"족장님. 우리는 여기서 먼 숲에서 자랐지만, 당신의 주민입니다. 하지만 태어나 처음 이곳에 왔기에 이렇게 인사를 드리는 겁니다."

형제들의 대답에 만족한 족장은 하인을 불러 이들 여덟 형제에게 입힐 옷을 가져오라 말했다. 또 그들을 목욕시키고 머리도 자르게 하라 덧붙였다. 그리고 족장은 형제들에게 주술사 노파가 쓰는 북을 찾아오라 시켰다. 오랫동안 그는 그 북을 가지고 싶었으나 가질 수 없었는데, 노파는 매우 잔인했고 그녀를 도와줄 전사들이 많았기 때문이다. 족장은 여덟 형제가 용감하기에 노파가 사는 오두막에 들어갈 수 있다고 믿었다. 그는 형제들에게 많은 재물을 주겠다 약속했다. 아울러 임무에 필요한 물품을 마련해주고 주술사에게 보냈다.

밤이 오자 '안드리아마나트라' 신이 형제들 앞에 나타나 말했다.

"너희 형제에게 신비스러운 힘을 전수해 주겠다. 첫째에게 누구라도 이길 수 있는 힘을 주마. 둘째에게는 닫힌 문을 열게 하는 방법을 알려주마. 셋째는 번개에 맞서 싸우고 넷째는 총을 막게 될 것이다. 다섯째는 잠을 자게 만드는 법과 여섯째는 모든 사람의 눈을 멀게 하는 힘, 그리고 일곱째와 여덟째에는 괴로움을 멈추게 하는 힘을 주마."

이렇게 각자에게 신비한 능력을 전해주고 신은 사라졌다. 다음 날, 형제들은 족장의 마을을 떠났다. 삼 개월의 여정이 지난 후, 그들은 노파가 사는 마을에 도착했다. 다섯째는 자신의 힘을 이용해 마을 사람들을 잠들게 했고, 아무에게 들키지 않고 오두막으로 들어갔다. 잠에서 깨어난 사람들은 낯선 사람이 오두막에 들어와 있는 것을 보고 놀라움을 보였고, 감히 그들을 죽이지 못하고 집과 음식을 제공했다. 노파의 마을에 안전하게 정착한 형제는 다음 날이 되자, 다시 사람들을 잠들게 했다. 이제 노파에게 침입자가 있음을 경고하는 가느다란 바늘을 제외하고는 마을의 모든 것이 잠에 빠졌다. 형제들이 노파의 오두막에 들어가자 바늘이 경고하자 노파가 깨어나 외쳤다.

"누가 왔느냐?"

"할머니, 우리 형제들입니다."

"어디를 가려고 여기를 왔느냐?"

"밥과 함께 먹을 반찬을 만들 채소를 얻으려고 왔습니다."

"거짓말을 하지 말아라. 어제 누군가 내 북을 훔치러 오는 꿈을 꾸었는데, 바로 네놈들이구나."

"아닙니다. 우리가 아니에요."

그날 밤, 형제들은 북을 가져가는 것을 포기하고 돌아갔다. 그러나 형제들은 다음 날에 모든 것을 잠들게 하고 북을 훔치는 데 성공했다. 노파가 잠에서 깨어나 형제들을 죽이라고 전사들에게 말했지만, 그들은 활을 쏘지도 맞추지도 못했다. 이렇게 여덟 형제는 아무도 다치지 않고 북을 족장에게 가져다주었다. 족장은 기뻐하며 이들을 위해 일주일 동안 큰 잔치를 벌였다.

세 형제

··· 타나라 부족 민담, 파라파랑가 지역

'이사코바코바라노'라는 왕이 암보디노노카 마을을 평화롭게 다스렸다. 따듯한 햇살을 즐기고 있던 어느 날, 그는 자신의 피부가 푸석해진 것을 보았다. 그는 자신의 부하들 중 세 명을 골라서 이웃 마을인 치아카랑타피카에 가서 기름을 사서 오게 했다. 그곳에는 기름을 잘만드는 장인이 있었기 때문이었다. 세 명의 사절이 마을에 도착했을 때, 기름을 파는 상인이 그들에게 물었다.

"부모님은 잘 계시는가? 여기 사람들은 잘 지내고 우리는 기름을 만들고 있다네."

세 명의 사절도 말했다.

"네. 저희도 저희 마을에서 잘 지내고 있습니다. 이사코바코바라노 왕은 아주 번창하고 있어요. 그 마을은 잘 익은 바나나가 너무 많아서 사람들이 먹고도 남아서 새들도 그것을 먹을 정도랍니다. 암탉이 나무에서 밤을 보내도 아무도 그것을 가져가지 않지요. 아이들이 마당에서 놀다가 급류에 휩쓸려갈까 겁낼 정도로 수량도 풍부한 것은 아시죠? 게다가 마을도 넓어서 북쪽에서 아이가 태어나도 남쪽 지역의 사람들이 모르고 동쪽과 서쪽도 마찬가지 상황이지요. 하지만 피부가 칙칙하고 푸석해진 것을 보시고 왕이 저희를 보내 가장 좋은 기름을 사 오라 명령한 것이죠."

"알겠네. 최고의 기름을 만들어주겠네."

기름이 완성되기를 기다리는 동안, 상인은 세 사절을 위해 식사를 준비했다. 그리고 음식이 차려지자 그들은 먹기 시작했다. 저녁 식사를 하는 동안 사절 중 한 명이 멀리 동쪽에 있는 크고 멋진 오두막을 보고 집주인이 누구냐고 물었다.

"'이베파라트라트라'의 집일세. 그는 남자 형제가 셋인데 셋 다 왕일세. 그들의 누이는 '레니콤바레바'인데, 쇠로 지어진 집에서 살고 있지. 그 누구도 그녀를 본 적이 없다네. 해와 달도 아직 그녀를 못 봤다고 하니 대단하지."

다른 사절이 서쪽을 보니 그곳에도 크고 멋진 오두막이 있었다. 사절이 그 오두막은 누구 것이냐고 물었다.

"'인드리암포디메나'의 집일세. 그는 남자 형제가 셋인데 셋 다 왕일세. 그들의 누이는 '레니콤바레바'인데, 쇠로 지어진 집에서 살고 있지. 그 누구도 그녀를 본 적이 없다네. 해와 달조차도 말일세."

세 번째 사절이 남쪽을 보니 그곳에도 역시 크고 아름다운 오두막이 있었다.

"'이레히팜파'의 집일세. 그는 남자 형제가 셋인데 셋 다 왕일세. 그들의 누이는 '레니콤바레바'인데, 쇠로 지어진 집에서 살고 있지. 이 세상의 그 누구도 그녀를 본 적이 없다네. 해와 달도 말일세."

세 명의 사절은 그 누구도 보지 못했다는 이 여인에 대한 소문을 자신들의 왕이 듣게 된다면, 그녀를 왕비로 맞이하고 싶어 할 것이라고 생각했다. 그들은 기름을 사는 것도 팽개친 채, 급하게 마을로 돌아갔다. 왕은 즉시 사절들을 불러서 기름을 가져왔는지 물었다. 사절들이 왕에게 대답했다.

"네. 기름 상점에 잘 다녀왔습니다. 기름 상인이 우리에게 최고의 기름을 준비할 시간을 달라고 했습니다. 식사가 끝난 후, 우리는 그에게 마을 동쪽, 서쪽, 남쪽에 있는 크고 멋진 집들에 관해 물었습니다. 기름 상인이 그 집들은 이베파라트라트라, 인드리암포디메나, 이레히팜파의 소유라고 말했습니다. 이 세 사람은 형제지간인데, 셋 다 왕입니다. 이 삼 형제에게는 누이가 하나 있는데, 이름이 레니콤바레바입니다. 그녀는 쇠로 된 집에서 살고 있어서 아무도 그녀를 볼 수 없다고 합니다. 해와 달도 아직 그녀를 본 적이 없답니다. 이 사실을 알려드리기 위해 급히 돌아왔습니다. 그녀야말로 왕의 부인이 될 자격이 있지 않을까요?"

이 말을 들은 이사코바코바라노 왕은 즉시 소라 경적을 울려 부하들을 소집했다. 그리고 치아카랑타피카의 여인을 찾으러 가기 위해 전사들을 무장시켰다. 그는 곧 길을 떠났다.

마을 입구에 도착한 왕은 세 사절에게 자신이 왜 이곳에 왔는지를 마을 사람들에게 알리라고 말했다. 마을 사람들은 이토록 거대한 군대가 들이닥친 것에 대해 어리둥절하면서도 두려움에 떨었다. 세 사절이 말했다.

"이사코바코바라노 왕이 당신들을 방문하기 위하여 우리 마을에 오셨습니다. 우리가 온 것은 이 사실을 여러분에게 알려드리기 위함입니다. 미리 알리지도 않고 마을에 들어가는 것은 정당하지 않기 때문입니다."

그러자 마을 사람들이 말했다.

"알겠소. 그에게 들어오라고 하시오."

그러자 왕은 수천 명의 사람을 거느리고 마을로 들어갔다. 그런 다음, 왕은 이베파라트라트라와 그의 두 형제에게 가족을 모두 불러 달라고 요청했다. 가족이 모두 모이자 왕은 레니콤바레바를 그의 아내로 허락해달라고 말했다. 세 형제는 왕에게 이 문제에 대해서 논의해 보겠다고 말하고, 자신들의 누이에게 이사코바코바라노 왕을 만나라고 말을 전했다. 젊은 여인이 도착하자마자 왕은 정신을 잃고 쓰러졌다. 레니콤바레바는 자신이 뿔잔에 담아두었던 물을 찾아오라고 말했다. 그녀는 쓰러진 왕에게 그 물을 뿌리며 말했다.

"자, 남자여! 만일 내 추악한 모습이 너를 쓰러지게 했다면 너는 죽을 것이요, 반대로 나에게서 아름다움을 봤다면, 일어나라."

그러자 왕은 벌떡 일어나며 외쳤다.

"이렇게 오래 잠을 잤다니, 놀랍군."

그동안 세 형제는 한참 논의를 하고 있었다. 형제 중 맏이가 말했다.

"우리 누이를 왕에게 시집보내자. 그의 권력은 확고하고 부자이니 누이에게 좋을 거야."

그러나 다른 두 동생이 반대했다.

"이사코바코바라노 왕은 거만하기만 할 뿐 용감하지는 않아.

우리가 충분히 맞설 수 있어. 여동생이 왕비라는 허울을 쓰는 것은 불행하기만 할 거야."

그러나 맏형은 뜻을 굽히지 않았다.

"안 된다. 이제부터 내 말에 따르지 않는 것은 나의 적이나 마찬가지다."

강경한 형의 말에 두 동생은 아무 말도 하지 못하고 그의 의견을 따를 수밖에 없었다. 그들은 왕에게 가서 말했다.

"왕이시어, 우리는 논의를 하고 조언들을 들었습니다. 그것이 관습입니다. 저희의 결정이 내려졌습니다. 당신에게 저희 여동생을 아내로 맞이할 것을 제안합니다. 당신보다 더 잘 어울리는 남자가 없기 때문입니다. 이제 당신의 아내를 데려가십시오. 하지만 팔을 자르거나 이를 뽑거나 눈을 파내지 말기를 바랍니다. 여기 두 명의 하녀를 데려가 그녀를 돕도록 하십시오. 사실 우리 여동생은 집안일에 익숙하지 않거든요."

"고맙네. 하지만 하녀를 데려갈 필요는 없다네. 이곳에서 그대들을 돕도록 놔두는 것이 좋겠네. 내 집에도 하인은 많으니 말일세."

세 형제는 왕과 동행한 사람들에게 쌀 세 가마, 소 여덟 마리, 소금 세 자루를 지참금으로 주었다. 식사를 마친 이사코바코바라노 왕은 맞이한 아내와 함께 자신의 마을로 돌아갔다. 그들의 귀환을 축하하기 위해 축포가 울렸고 그 연기는 태양을 가리고 낮을 밤처럼 보이게 만들 정도였다. 수많은 댄서들이 창을 들고 찌르고 방어하는 자세를 취하면서 춤을 추며 행진했다. 모든 사람이 그들을 보면서 환호했다. 이렇게 마을에 도착하자 성대한 축제를 벌였다. 많은 소를 잡고 제례의 노래를 불렀다.

이러는 사이 '보롬베치바자'라는 새가 그곳을 날아가게 되었다. 마을에서 들리는 소리에 놀란 새는 축제를 보기 위해 지붕의 탑 위에 잠시 내려앉았다. 그것을 본 이사코바코바라노 왕이 새에게 말했다.

"보롬베치바자, 어디로 가는가?"

"내 친구 '이메나란다바'에게 간다네. 당신들이 노래하고 즐기는 것을 보고 나도 구경을 좀 하려고 하네."

"자네가 그에게 간다면 내 말을 전해주게. 이메나란다바가 진정한 남자라면 여기까지 와서 나와 싸워보자고 말일세. 만일 그가 나를 이긴다면 내가 맞이한 아내를 그의 시녀가 되게 할 것이라고. 아울러 내 집의 서쪽에 있는 커다란 노노카 나무를 베어 나의 그늘 쉼터를 없애버리는 것을 허락하겠다고 전하게나. 그리고 여덟 명이 힘을 합쳐야 들어 올릴 수 있는 커다란 솥을 가져갈 수도 있다고 말이지."

이메나란다바는 이사코바코바라노 왕의 마을과 인접한 곳의 왕이었다. 새는 날개를 펴 날아올라 친구인 이메나란다바의 집으로 향했다. 그의 문 앞에 도착한 그는 날개를 펄럭이며 죽은 듯이 떨어졌다. 이를 본 사람들은 모두 놀라워했고 어떤 이는 새를 잡아서 불에 구워 먹자고도 말했다. 그때 왕이 나타나 외쳤다.

"멈추어라. 내게 소식을 전하러 온 새이다."

왕은 그릇을 가져와 물과 두꺼비를 넣고 이어 말했다.

"만일 이 새가 우리에게 좋은 소식을 전하면 이 물과 두꺼비를 마시고도 다시 살아날 것이다. 반대로 불행한 소식이라면 죽을 것이다."

새는 즉시 일어나 물을 마시고 말했다.

"내 여행의 목적은 자네를 찾아오는 것이네. 오다가 내가 우연히 한 마을을 지나게 되었다네. 그런데 그 마을 모두가 큰 축제를 벌이고 있어서 무엇인지 알아보니, 이사코바코바라노 왕이 부인을 새로 맞이해서 벌이는 축제더군. 내가 축제를 구경하려고 지붕 위에 앉았더니 왕이 나를 보고 말했지. 자신이 자네와 싸울 것이며 자네가 이긴다면 그의 아내를 자네에게 시녀로 줄 것이며 자신이 쉬는 노노카 나무를 베어도 되고 커다란 솥도 가져가라 하더군. 하지만 질 때는 그 반대가 되겠지."

새가 전하는 말을 들은 이메나란다바 왕은 얼굴이 창백해질 정도로 화를 내며 부하들을 불러모았다. 이사코바코바라노와 그의 마을을 공격하자는 이메나란다바 왕의 말에 수천 명의 사람이 함성을 질렀다. 두 마을 사이의 전쟁이 시작됐다. 이사코바코바라노 왕과 이메나란다바 왕의 전사들은 격렬하게 싸우다 하나씩 죽음을 맞았다. 이 끔찍한 광경을 본 이사코바코바라노 왕의 전사 중 한 명이 말했다.

"족장님. 사상자가 너무 많습니다. 마을을 넘기고 도망치시지요."

"아니다. 괜찮으니 계속 싸우게 하라. 겁이 나서 도망가려거든

여장을 해라. 여장하고 마을에 가서 장신구도 해라. 적에게 등을 보이느니 차라리 죽는 것이 낫다. 나는 죽을 때까지 싸울 것이다."

이메나란다바 왕의 전사 한 명도 그에게 말했다.

"족장님. 집으로 돌아가게 해주십시오. 적들의 마을은 그들에게 넘겨버리시지요. 적을 쓰러트리는 것이 너무 힘듭니다. 많은 전사가 쓰러졌습니다."

"안된다. 네가 여자처럼 도망치고 싶다면 그렇게 하라. 나는 오늘 내 적의 마을을 모두 불태워버릴 것이다."

얼마 후, 이사코바코바라노 왕의 전사들이 패배하여 도망쳤다. 이메나란다바 왕은 이사코바코바라노를 죽이고 그의 아내를 빼앗고 노노카 나무를 베었다. 또한, 커다란 솥을 빼앗고 마을에 불을 지른 다음 집으로 돌아왔다. 그리고 레니콤바레바에게 허름한 옷을 입히고 하녀가 하는 일을 하게 했다. 전쟁이 끝났다는 소식을 들은 세 형제는 자신들의 누이에게 닥친 일을 알았다. 형제 중의 하나가 슬퍼하며 한숨을 쉬고 말했다.

"내가 말했지. 이사코바코바라노 왕은 거만하기만 할 뿐 용감하지 않다고. 오히려 겁쟁이에 가깝지. 누이가 하녀가 될 줄 알았다니까."

"조용히들 하고 있어라. 내가 누이를 되찾아오겠다."

맏이인 이베파라트라트라가 말했다.

그는 지저분한 옷과 찢어진 모자를 쓰고 가난한 사람들이 사용하는 판토 나무껍질을 외투 삼아 입고 이메나란다바 왕의 마을로 출발했다. 그곳에 도착하자 왕에게 물었다.

"족장님. 어떻게 지내셨습니까?"

"우리는 잘 지내네. 이사코바코바라노와의 싸움에서 승리를 거두고 그 마을에 불을 놓고 전사들의 목숨을 거두었지. 이사코바코바라노 왕의 오만했던 부인이 남루한 옷을 입은 채 하녀처럼 여기서 일하고 있다네. 자네 마을의 사람들은 잘 지내나? 여기에 온 이유가 무엇인가?"

"저희 마을은 모두 평안합니다. 족장님이 큰 승리를 거두었다는 소식을 듣고 축하를 드리기 위해 찾아왔습니다. 저는 그저 필요하다면 무슨 일이든 하는 하찮은 사람일 뿐입니다. 제가 족장님을 도울 수 있는 일이 있다면 뭐든지 할 테니 부려만 주십시오."

"그래? 네가 내 신하가 되어 일한다면 저기 하녀로 일하는 레니콤바레바를 주마."

족장은 그가 레니콤바레바의 오빠인 줄을 모르고 이런 제안을 했다. 그러자 이베파라트라트라가 말했다.

"그렇게 해주신다니 감사드립니다."

밤이 오자 그들에게 빈 오두막이 제공되었다. 그들이 오두막에 들어가자마자 이베파라트라트라가 누이에게 말했다.

"내가 너를 구하러 왔다. 빨리 집으로 돌아가자."

그들은 곧바로 길을 떠났고 밤새워 걸어 자신들의 마을에 도착했다. 마침내 레니콤바레바는 자신이 머물던 철제 오두막으로 돌아왔다.

다음 날 아침 해가 중천에 뜨자, 이메나란다바 왕이 말했다.

"레니콤바레바와 함께 잠을 잔 늙은이가 늦게 일어나는구나! 가서 깨우도록 해라!"

그러나 오두막에는 아무도 없었다. 곰곰이 생각해 본 이메나란다바 왕은 이베파라트라트라가 자신을 속였다는 것을 알아차렸다. 그는 전사들을 소환하고 무장시켜 도망친 그들을 추격했다. 세 형제도 전사들을 모았다. 적군이 오기 전에 창과 방패로 훈련을 했다. 그 용맹에 땅이 울리고 오두막 안에서 이를 지켜보던 아이들이 넘어질 정도였다.

전투가 시작되자, 세 형제는 전사들 앞의 땅에 돗자리를 펼치고 셋이 같이 엎드렸다. 그들은 적들이 던진 창을 잡아 다시 던져 적들을 쓰러트렸다. 많은 전사가 죽어 넘어지는 것을 본 이메나란다바 왕은 겁에 질려 도망쳤다. 세 형제가 그를 추격했다. 그들이 자신을 거의 잡을 정도로 다가오자 그는 세 형제에게 살려달라고 애원했다. 세 형제는 그를 놓아주기로 했다. 그러나 이메나란다바 왕이 멀어지자 그들은 다시 추격하기 시작했다. 세 형제가 다시 다가오는 것을 보자 이메나란다바 왕은 겁에 질려서 펄쩍 뛰었다. 그러나 세 형제는 그를 죽이지는 않았고, 그에게 꺼지라고 말했다.

이날 이후로 메나라나[1] 뱀은 사람을 보면 펄쩍 뛴다. 그러나 사람들은 그 뱀을 죽이지는 않는다.

---

[1] 메나라나 뱀과 '이메나란다바'라는 이름이 비슷한 데서 유래한 말 장난. '메나나라바'는 긴 '메나라나'라는 뜻이다.

라나라에와 라나바비

… 베치미사라카 부족 민담, 안탄드로콤비 지역

하루는 '라나라에'와 '라나바비'가 야생 과일을 찾으러 집을 나섰다. 강둑을 따라 걷던 그들은 물결에 떠밀려온 상자를 발견했다. 라나라에가 강에 들어가 상자를 꺼내와 덮개를 열자 세 명의 아이들이 그 속에서 나왔다. 그는 급하게 아내 라나바비를 불러 말했다.

"여보. 이리 내려와 보구려. 굉장한 것을 발견했다오."

부부는 세 아이를 챙겨 마을로 돌아가 서둘러 아이들을 위한 요람을 만들었다. 일주일이 지났을 때, 세 아이가 라나라에에게 말했다.

"아빠, 우리에게 허리띠를 사주세요."

그가 아이들에게 허리띠를 사주자, 그들은 옷과 칼, 그리고 창을 구해달라 했다. 그리고 모든 게 준비되자 전쟁에 나가겠다고 했다. 그러자 라나라에가 아이들에게 말했다.

"얘들아, 길을 가다 감자밭이 나오면 거기 있는 모든 감자를 다 먹거라. 사탕수수밭을 보거든 역시 다 먹어야 한다. 그리고 샘이 나오면 그 물까지 다 마시거라. 그렇게 계속 길을 가거라."

아이들은 아버지가 말한 대로 하면서 길을 가다 높은 나무를 발견하자 위로 올라가 사방을 살펴봤다. 북쪽에 마을 하나가 있는 것을 보고 나무에서 내려온 후, 그들은 작은 오두막을 지었다. 그리고 초원에서 뿔이 없는 소 세 마리를 잡았다. 사람들이 소를 잡으러 오자 세 형제는 그들을 향해 외쳤다.

"너희들이 남자라면 우리 형제와 한번 싸워보자."

곧이어 60명의 병사가 그들과 싸우기 시작했다. 수적 열세에도 불구하고 형제는 투혼을 발휘해 싸웠으나 병사들이 사용하는 창에 주의하지 못했다. 형제 중의 하나인 '파니보보'가 허벅지를 창에 찔리자 다른 형제인 '파랄라에'에게 도움을 요청했다. 파랄라에가 파니보보의 상처에 침을 뱉자 곧 나아서 일어나 다시 싸움에 합류했다. 이렇게 세 형제는 서로를 도와가며 싸움을 계속해 60명의 병사를 모두 죽였다. 그리고 이들을 돕기 위해 지원한 100명의 병사와 싸워 다시 무찔렀다. 싸움에서 승리한 세 형제는 마을로 들어가 사람들에게 말했다.

"더 우리와 싸울 자들이 있느냐? 그렇지 않다면 모두 항복해라."

마을 사람들 모두가 형제들에게 복종을 맹세했다. 형제들은 전리품을 가지고 양부모의 마을로 돌아왔다. 아버지의 집에 다다르자 세 마리의 소를 잡아 자신들의 승리를 자축했다. 라나라에와 라나바비 부부는 양아들의 씩씩함과 그들의 용맹함에 마치 족장이 된 듯이 기뻐했다. 이러한 소식이 세 형제의 친부모에게 전해지자 그들은 양부모를 찾아가 말했다.

"이 아이들은 우리 자식입니다. 어느 날 강물에 떠내려가 잃어버렸었는데 이제야 찾게 되었습니다."

결국, 세 형제는 그들의 친부모에게 돌아갔다. 돌아갈 때 그들이 획득한 모든 것을 가져갔기에 라나라에와 라나바비는 다시 가난한 상태로 돌아갔다.

파라말레미와 코토베키보

… 베치미사라카 부족 민담, 세라난차라 지역

한 부부가 아이들을 버리려고 했다. 그들은 항아리에 돌을 채우고 그 위에 먹을 것을 올려두고 두 아이인 '파라말레미'와 '코토베키보'에게 말했다.

"얘들아! 엄마와 아빠는 먹을 것을 구하러 갈 테니 집을 지키고 있거라. 우리가 올 때까지 여기 이 음식을 먹고 기다리고, 알았지?"

부부는 집을 나섰고 돌아오지를 않았다. 코토베키보는 파라말레미에게 말했다.

"배고프지? 이 음식을 먹자."

그런데 그들이 음식을 먹으려 할 때 항아리에 돌이 가득 찬 것을 발견했다. 현명한 파라말레미가 남동생에게 말했다.

"아빠와 엄마가 우리를 버리시려 했나 봐. 이제 우린 우리가 알아서 살아야 할 것 같아."

먹을 것을 찾아 집을 나서서 강변에 도착했을 때, 남동생이 누나에게 말했다.

"나는 강 위로 갈 거야, 누나는 어디로 갈래?"

"난 아래쪽으로 갈게. 여기서는 먹을 것이 안 보이는데, 찾다 보면 뭐라도 있겠지?"

이렇게 먹을 것을 찾다가 저녁이 되자 그들은 집으로 돌아갔다.

코토베키보가 누나에게 무엇을 찾았는지를 물었다. 하지만 파라말레미는 찾은 것이 없었다. 남동생은 화를 내며 말했다.

"먹을 것을 찾지 못했다고? 그럼 어떡해? 어쨌든 각자의 방에서 서로 찾은 것을 먹기로 해."

이렇게 하루가 지나갔다. 다음날도 남매는 먹을 것을 찾아 나섰다. 파라말레미는 어린 양을 잡아 왔고 남동생은 게 한 마리만을 찾아왔다. 집으로 돌아오자 코토베키보는 누나에게 무엇을 찾았는지를 물었다. 파라말레미는 이번에 동생에게 이렇게 말했다.

"메뚜기와 게 하나씩 밖에 못 찾았어."

두 사람은 그날도 각자가 찾을 것을 요리해서 먹기로 했다. 파라말레미는 잡아 온 어린 양의 다리를 불에 올려 굽기 시작했다. 양고기가 구워지는 냄새를 맡은 코토베키보가 소리쳤다.

"아! 이게 무슨 냄새야. 누나! 오늘 맛있는 것을 찾았네. 그런데 나에게 말도 안 했단 말이야?"

이렇게 말하면서 그는 누나의 방으로 들어와 양의 다리를 굽는 것을 도우려 했다.

"누나! 우리 집에 남은 가족이라고는 우리 둘뿐인데, 이렇게 따로 요리할 필요는 없지 않겠어?"

누나는 동생의 제안을 기꺼이 받아들이고 양고기를 나누어 먹었다. 다음 날, 남매는 다시 먹거리를 찾아 나섰다. 이번에는 파라말레미가 상류로 올라갔다. 그녀는 강을 따라 걷다가 언덕 위에 있는 괴물 '트리모베'의 집에 다다랐다. 그녀는 집 안으로 들어가 주인이 없는 것을 보고 그곳에 있는 먹을 것을 잔뜩 먹고 나머지를 싸서 집으로 가져왔다. 집에 거의 다 왔을 무렵에 만난 남동생이 그녀에게 물었다.

"누나, 뭐 찾은 거 있어?"

파라말레미는 아무것도 못 찾았다고 말하자, 욕심쟁이 동생은 자신의 방으로 들어갔다. 그러자 그녀는 가져온 음식을 꺼냈다. 그때 누나의 방을 감시하던 남동생이 음식을 보고 외쳤다.

"누나! 먹을 것이 있었네. 우리가 남매 사이라는 것을 잊었어? 그 음식을 같이 나눠 먹자. 어때?"

착한 파라말레미는 배가 고프지 않았기에 남은 음식을 모두 동생에게 주었다. 음식을 먹으면서 동생이 누나에게 물었다.

"이것을 다 어디서 찾았어?"

"괴물의 집에서 가져온 거야."

"내일은 나도 가지러 가야겠다."

"욕심부리지 마. 너는 먹성이 너무 좋아서 그 집에서 음식을 먹으면 뚱뚱해져서 문으로 나올 수가 없을 거야. 그러면 트리모베가 너를 잡아먹을지도 몰라."

하지만 남동생은 고집을 피워 괴물의 집에 꼭 가겠다고 말했다. 다음날, 트리모베의 집에 도착한 남매는 있는 음식을 먹기 시작했다. 하지만 음식을 먹은 후 코토베키보는 배가 너무 불러서 문을 빠져나올 수가 없었다. 잔뜩 먹어 배가 부른 동생이 괴로워하며 소리쳤다.

"누나, 나 어떡하면 좋아? 문으로 나갈 수가 없어. 괴물이 날 잡아먹을 거야."

"내가 말했지. 그렇게 먹지 말라고 했잖아."

누나는 동생에게 사다리를 가져오고 그 밑에 숨어있으라고 권하며 말했다.

"트리모베가 와서 누가 음식을 먹었냐고 너에게 물으면, 너라고 대답해. 그러면 괴물이 누가 사다리 밑에 있는지 보려고 허리를 굽힐 때, 이 부지깽이로 그를 때려눕혀, 알았지?"

얼마의 시간이 지나자 괴물이 집으로 들어와 코를 킁킁거리며 말했다.

"킁킁, 사람 냄새가 나는데. 어! 누가 내 고기를 먹었지? 누구냐?"

"바로 나다. 내가 먹었다."

괴물 트리모베가 누가 사다리 아래에서 말하는지를 보려고 허리를 숙이자, 코토베키보는 있는 힘껏 부지깽이를 휘둘러 괴물을 후려쳤다. 그리고 괴물은 그 충격에 죽고 말았다. 이후 남동생은 누나를 불러 함께 괴물의 재물을 사용하며 살았다.

키모베와 파라말레미

··· 베치미사라카 부족 민담, 안데보란트 지역

네 명의 여성이 채소를 찾아 길을 떠났다. 그들 중 셋은 채소를 다 모으고 아직 아무것도 캐지 못한 네 번째 여성인 '파라말레미'에게 좀 더 찾아보고 오라고 말했다. 그녀가 돌아오고 싶다면 자신들이 가는 길을 따라오면 마을로 올 수 있다는 말도 덧붙였다. 그녀들의 말을 듣고 파라말레미는 채소를 캐는 일을 계속했다. 채소를 어느 정도 모으게 되자 그녀는 돌아가기 위해 길에 올랐다. 그런데 길을 걷던 그녀는 괴물 '트리모베'의 알을 보고 몇 개를 챙겼다. 잠시 후 트리모베가 그녀를 쫓아오며 소리쳤다.

"사람 냄새가 나는구나. 사람 냄새가 나."

"그래, 내가 여기 있다."

"너는 내 아내가 될 것이냐? 아니면 딸이 되겠니?"

"너의 아내가 되련다."

이렇게 트리모베의 아내가 된 파라말레미는 임신을 해서 딸은 낳았고 '랄레소카'라는 이름을 지었다. 딸이 자라자 트리모베는 그녀에게 주전자를 하나 사주었다. 그러자 딸이 말했다.

"이것을 가지고 샘에 가서 친구들과 놀고 올게요."

함께 놀던 친구 중의 하나가 랄레소카에게 제안했다.

"네 것을 깨트려볼래? 우리 것도 깨트릴게."

랄레소카는 자신의 주전자를 깨트렸다. 하지만 다음날, 그녀의 친구들이 말했다.

"우리는 안 깨트렸는데, 너만 주전자를 깨트렸구나."

이 말을 들은 랄레소카는 울면서 엄마를 찾아갔다.

"왜 울고 있니? 무슨 일이야?"

"내가 주전자를 깨트렸어요."

"어서 동굴로 가서 숨으려무나. 아빠가 알면 화가 나서 너를 혼낼까 걱정이구나. 엄마가 찾아가면 네 이름을 작게 부르마. 대신에 누군가 네 이름을 큰 소리로 불러도 대답하면 안 된다. 알았지?"

랄레소카는 동굴에 가서 숨었고 엄마가 먹을 것을 가져다주었다. 하루는 트리모베가 동굴에 찾아와 엄마의 목소리를 흉내 내 딸의 이름을 불렀다. 큰 목소리를 들은 랄레소카는 동굴에서 나오지 않았다. 그는 여러 차례 딸을 찾으려 했으나 성공하지 못했다. 그래서 그는 주술사에게 찾아가 자신의 큰 목소리를 아내처럼 작게 만들어 달라고 요청했다.

주술사는 트리모베가 원하는 것을 들어주면서 그에게 침을 뱉으면 안 된다고 경고했다. 그가 랄레소카를 찾으러 동굴에 가서 그녀를 작은 목소리로 불렀으나 침을 뱉었기에 주술사의 주문은 효과를 내지 못했다. 그녀는 큰 목소리의 그를 알아보고 동굴에서 나오지 않았다. 트리모베는 다시 주술사에게 찾아가 새로운 주문을 요청했다. 다시 주문을 받아 동굴에 찾아간 그는 역시 침을 뱉으면 안 된다는 경고를 잊고 다시 큰 목소리로 딸의 이름을 불러

헛수고를 했다.

  이번에 그는 다른 주술사를 찾아갔다. 그리고 목소리를 작게 만드는 주문을 새롭게 얻어 랄레소카를 잡으러 동굴로 향했다. 새로운 주문으로 침을 뱉는 것을 참고 딸의 이름을 부르자 동굴 입구에 그녀가 나타났다. 그녀가 자신 앞에 있는 것을 본 트리모베는 서둘러 그녀를 잡으러 동굴로 들어가려다가 문을 닫는 돌에 머리를 부닥쳐(부딪쳐) 죽고 말았다. 그제야 랄레소카는 어머니를 찾으러 갈 수 있었다.

트리모베와 소히티카

··· 마로포치 부족 민담, 안드리아메나 지역

괴물 '트리모베'는 자신의 영역에서 잡초를 뽑는다고 한다. 그가 사는 곳에는 다양한 수목들이 있는데 특히 오렌지 나무가 잘 자랐다. 그런데 어느 날, '소히티카'라는 사람이 그의 오렌지를 훔치러 왔다. 트리모베는 매우 화를 내며 소히티카를 쫓아갔으나 그를 잡을 수 없었다. 다음날에도 소히티카는 오렌지를 훔쳤고 트리모베는 그를 잡지 못하고 놓치고 말았다. 소히티카는 몸집이 작았기에 민첩하고 매우 빨리 달아났기 때문이다.

도둑질이 계속되자 트리모베는 오렌지 나무 옆에 있는 고구마 더미에 숨어있다가 마침내 소히티카를 잡았다.

"네 녀석이 여기 오렌지를 훔쳐 갔으니, 나는 너를 잡아먹어야겠다."

"어쩔 수 없지요. 나를 잡았으니 당신이 원하는 대로 하세요."

트리모베는 줄로 묶은 소히티카를 고구마와 함께 바구니에 담아 집으로 향했다. 길을 가는 동안 소히티카는 묶인 줄을 풀고 바구니에서 고구마를 떨어트렸다. 그 소리에 트리모베가 고개를 돌렸으나 고구마가 떨어진 것을 보더니 가던 길을 계속 갔다. 잠시 후, 소히티가는 또 다른 고구마를 던졌다. 그러자 이번에는 트리모베가 쳐다보지도 않고 혼잣말을 했다.

"소히티카가 떨어지는 것도 아니니, 뭐 신경 쓸 필요가 없겠지."

계속해서 고구마가 바구니에서 떨어졌지만 트리모베는 그것을 던진 것이 소히티카임을 알고 관심을 두지 않았다. 마을이 보이는 곳에서 소히티카는 고구마 두어 개를 한꺼번에 던지고 자신도 바구니에서 빠져나와 트리모베가 눈치채지 못하게 도망쳤다. 집에 도착한 트리모베는 아내와 아이들에게 오렌지를 훔쳐 간 소히티카를 잡아 왔다고 힘주어 말했다. 그리고 고구마와 함께 요리해서 먹자고 제안했다. 하지만 바구니를 열었을 때, 그 안에는 고구마 몇 개만이 남아있었다.

다음 날, 트리모베는 구아바 나무에 숨어서 다시 소히티카를 잡았다.

"이번에는 너를 기필코 잡아먹으마. 또 한 번 달아나 보아라."

이렇게 말한 그는 소히티카의 발과 손을 단단히 묶고 자루에 넣어 집으로 데려갔다. 집에는 아내 혼자만이 있었다.

"자, 여기 소히티카를 잡아 왔소. 가방 안을 열어보시구려."

자루 안에 담겨있는 소히티카를 보는 아내에게 트리모베가 다시 말했다.

"가서 물을 가져오시게. 나는 이 녀석을 삶을 나무를 구해오리다."

둘은 각자가 해야 할 일을 하러 나갔다. 그들이 떠난 후, 집에 돌아온 아이들이 줄로 묶인 자루를 보았다. 소히티카는 그 속에서 닭이 우는 소리를 흉내 냈고, 두 아이는 그것이 진짜 수탉인 줄 알고 자루를 풀었다. 묶인 끈을 풀었던 소히티카는 자루가 풀리자 그곳에서 빠져나와 두 아들을 묶어 자루에 넣고 꿰맨 후에 달아났다. 두 아이는 조금 울다가 잠이 들었다.

시간이 지난 후, 트리모베와 그의 아내는 물과 장작을 가지고 집으로 돌아왔다. 트리모베는 장작에 불을 붙이고 물이 끓어오르자 자루를 솥에 넣고 완전히 익을 때까지 열어보지 않았다. 둘이 소히티카를 먹으려 솥을 열고 자루를 풀었을 때, 그들은 자신들의 아이들을 삶아 요리했다는 사실을 알고 정신을 잃을 정도로 놀랐다. 그들은 슬픔에 젖어 아이들을 묻었다.

아이들의 복수를 위해 트리모베는 소히티카를 잡으려고 오렌지 나무 사이에 숨었다. 오렌지를 훔치러 온 소히티카는 트리모베가 숨어있을 것이라 짐작하고 계략을 꾸몄다. 그는 쇠고기의 내장과 철판을 준비해서 들판 한가운데에서 불을 붙여 굽기 시작했다. 냄새를 맡은 트리모베가 다가와 그에게 말했다.

"너는 여기서 무엇을 굽고 있느냐? 냄새가 좋군."

"깨끗하게 씻은 내장을 굽고 있지요. 너무 배가 고파서 나의 내장을 꺼내서 굽고 있답니다."

"정말이냐? 맛 좀 보게 조금만 줘 보게나."

"그러실래요? 아주 맛있습니다."

그는 굽던 내장 일부를 잘라 트리모베에게 주었다. 트리모베는 씹지도 않고 내장을 먹으며 소리쳤다.

"정말 맛있군."

"당신은 덩치가 크고 살이 푸짐하니 그 내장은 더욱 맛있을 겁니다."

"그런가? 어떻게 내장을 꺼낼 수 있는가?"

트리모베가 궁금해하며 묻자 소히티카가 간단하다는 듯이 알려 줬다.

"이 갈고리를 불에 달구기만 하면 다음에는 쉽지요. 갈고리가 달구어졌을 때, 이것을 항문에 단단히 밀어 넣기만 하면 되지요."

트리모베는 소히티카에게 갈고리를 빨갛게 만들어보자고 제안했다. 그리고 그것이 달구어지자 온 힘을 다해 자신의 항문에 넣었고 그 결과 죽고 말았다. 그의 죽음을 지켜본 소히티카는 그의 모든 재산을 챙겨서 집으로 돌아갔다. 그의 아내에게는 아무것도 남기지 않았다고 한다.

안다모하미

… 안탄카라나 부족 민담, 보헤마르 지역

바다 건너에 사는 '파라놈비'를 마음에 둔 '안다모하미'는 그녀를 찾아가 청혼하기로 했다. 배를 타고 그녀의 집에 도착한 그는 안다모하미에게 결혼해달라고 요청했다. 그녀는 수락했고 두 사람은 함께 길을 나섰다. 바닷가 모래사장이 보이자 안다모하미는 아내에게 같이 목욕을 하자고 제안했다. 물에 뛰어든 그들은 누가 물속에서 오래 머물 수 있는지를 겨루자고 말하고 물속으로 잠수했다.

두 사람이 물속에 있는 동안 작은 카멜레온 암컷 '탕가리아나'가 파라놈비를 흉내 냈다. 그것은 배에 올라 파라놈비의 옷을 입고 갑판 위에 조용히 앉았다. 잠시 후, 물속에서 머물던 안다모하미가 물 위로 올라와 아내가 이미 배의 갑판에 앉아 있는 것을 보고 자신이 더 오랫동안 물속에 있었다면서 우쭐대었다. 하지만 파라놈비로 위장한 탕가리아나는 말을 하지 않았다. 그는 아무런 의심도 하지 않은 채 옷을 갈아입고 다시 배를 출발시켰다. 그들이 출발했을 때, 파라놈비가 물에서 나와 새로 변신하여 그들을 쫓아가면서 외쳤다.

"안다모하미! 기다려. 안다모하미. 너랑 같이 있는 것은 나로 변신한 카멜레온이야. 나를 버리다니. 탕가리아나, 이 못된 것아!

내 옷을 돌려줘."

파라놈비가 외치는 목소리에 대해 안다모하미는 이렇게 반응했다.

"자 새가 부르는 노래는 정말 듣기 좋군. 여보게, 어서 노를 젓게. 배가 이렇게 늦어서야 언제 우리 집에 도착하겠나?"

그는 아무것도 의심하지 않은 채 사공들에게 배를 몰게 했다. 그러자 파라놈비는 채소로 변신했고 사공들이 안다모하미에게 말했다.

"주인님. 여기 신선한 채소가 있습니다. 한 번 드셔보겠는지요?"

안다모하미가 채소를 요리에 추가하라고 말하자 탕가리아나가 이를 막으며 대답했다.

"저는 채소를 먹지 않아요. 부모님이 채소를 먹지 말라고 했거든요."

그러자 안다모하미는 사공들에게 채소는 아내가 좋아하지 않으니 아무것도 하지 말고 노를 저으라고 말했다. 파라놈비는 여러 가지 식물로 변신하며 그들을 쫓아가며 자신이 아내임을 보여주려 했으나 성공하지 못했다. 두 사람이 집으로 돌아오자 안다모하미는 아내를 맞이한 것을 축하하는 잔치를 크게 열었다. 하지만 탕가리아나는 아무것도 먹지 않고 앞에 놓인 음식을 뒤로 던져버렸다. 그녀를 걱정하는 남편에게 탕가리아나는 몸에 열이 있다며 말했다.

"진료를 한번 보게 사람을 불러올까요?"

"아니요. 내 몸은 내가 알아요. 단지 나에게 메뚜기를 가져다주세요."

안다모하미는 하인을 불러 말했다.

"누구든지 가서 메뚜기를 잡아 오너라. 메뚜기 없이는 돌아올 생각도 하지 말거라."

집안의 하인들이 모두 바구니를 들고 메뚜기를 잡으러 나가고, '이코토아테나'와 '이코톤아베노나'라는 이름의 어린아이 둘만이 집에 남았다. 이코토아테나는 구석에 웅크리며 숨었고 이코톤아베노나는 잿더미에 숨어있었다. 얼마 지나지 않아 하인들은 많은 메뚜기를 잡아서 탕가리아나에게 건넸다. 그러자 안다모하미가 말했다.

"이제 모두 여기서 나가자. 아내가 메뚜기로 뭘 할지 모르지만 말이다."

모든 사람이 방에서 나가자 탕가리아나는 변신을 풀고 메뚜기를 먹기 시작했다. 숨어있던 이코토아테나와 이코톤아베노나라는 탕가리아나가 메뚜기를 먹고 있는 그녀가 카멜레온과 같은 꼬리를 가지고 있는 것을 보고 소리쳤다. 그러자 마당에 나와 있던 사람들이 아이들에게 말했다.

"그렇게 소리치지 말아라. 주인님이 들으면 혼내실 거야."

안다모하미는 대장간에 있었다. 목이 말랐던 그는 어린 소녀를 보내 물을 가져오라 시켰다. 소녀는 우물로 가서 먼저 얼굴을 씻었다. 마침 파라놈비가 우물 옆 나뭇가지에 앉아있었다. 얼굴을 씻은 소녀가 물에 비친 그림자를 보고 자신의 그림자라 믿으며 말했다.

"어머! 내가 이렇게 예쁘다니. 이런 나를 주인님이 하녀로만 여기고 물심부름이나 시키다니 너무한 것 아냐?."

그녀는 물을 담아갈 물병을 부숴버리고 안다모하미에게 돌아갔다. 그러자 그가 물었다.

"네가 가져오라는 물은 어디에 있느냐?"

"주인님, 물병을 염소가 뿔로 쳐서 깨트려서 못 떠왔어요."

"집에 가서 나이 많은 하녀를 불러오너라."

다른 하녀가 안다모하미에게 오자 그는 물을 길어오라 시켰다. 우물에 간 그녀는 먼저 손을 씻고 물병에 물을 가득 담았다. 그리고 물에 비치는 두 개의 그림자를 보고 매우 놀랐다. 그때 파라놈비가 그녀에게 말했다.

"내가 누구인지 알겠느냐? 나는 안다모하미의 약혼자란다. 우리는 결혼할 사이이지. 여기로 오기 전에 모래섬에 들러 쉬고 수영하다가 누가 오래 잠수할지 내기를 했단다. 내가 물속에 있는 동안 카멜레온 탕가리아나가 내 옷을 훔쳐 입고 나로 분장했지. 그 모습에 내 약혼자가 속았단다."

"여주인님. 나무에서 내려오세요. 가서 진실을 말하세요."

"아니다. 가서 주인에게 탕가리아나가 죽어야만 내가 여기서 내려갈 거라고 전하거라."

그래서 나이 많은 하녀가 자신이 들은 것을 안다모하미에게 알리러 갔다.

"주인님. 이 물을 마시세요. 행운을 가져다줄 거예요."

"무슨 말이냐?"

"주인님은 사랑하는 약혼자 파라놈비를 버리고 그녀로 변신한 카멜레온 탕가리아나를 데려왔습니다. 파라놈비는 탕가리아나가 죽은 다음에야 여기로 오신답니다."

이 말을 들은 안다모하미는 자리에서 일어나 우물가로 뛰어갔다. 그곳에서 파라놈비를 발견한 그는 나무에서 내려오라고 그녀에게 간청했다. 심지어 그녀에게 백 명의 노예를 주겠다고도 말했다.

"나의 부모님도 수많은 노예를 갖고 있어요. 나는 당신과 결혼하기 위해 여기에 왔습니다. 나를 사랑한다면 가서 탕가리아나를 죽여서 그 몸을 두 조각으로 자르세요. 그리고 한쪽은 도로의 오른편에 다른 쪽은 왼편에 놓아두세요. 탕가리아나의 사체를 보면서 지나가고 싶군요. 그렇지 않으면 여기서 내려가지 않을 겁니다."

안다모하미는 카멜레온인 탕가리아나를 죽이기 위해 마을로 달려갔다. 그가 카멜레온을 죽이고 두 조각으로 자르고 도로의 양쪽에 놓아두자, 파라놈비가 나무에서 내려와 집으로 들어왔다. 두 사람의 결혼을 축하하기 위해 큰 잔치가 열렸다. 얼마 후, 파라놈비에게 아이가 들어서자 그녀가 남편에게 말했다.

"아이를 위해 상어를 잡아다 주세요."

안다모하미는 상어를 잡으러 집을 나섰다. 하지만 파라놈비는 남편이 돌아오기 전에 딸을 낳았다. 그런데 안다모하미에게는 두 명의 부인이 있었다. 그가 없는 동안 첫째 부인이 파라놈비에게 말했다.

"우리 목욕하러 강에 같이 가세나."

두 사람은 강에 갔다. 하지만 파라놈비는 첫째 부인에게 배신을 당해 집으로 돌아오지 못했다. 안다모하미가 상어를 잡아 집에 돌아와서 파라놈비가 없다는 것을 알고 마을 사람들에게 물었다.

"내 아내 파라놈비를 못 보았나?"

그러자 첫째 부인의 사람들이 그녀를 보지 못했다고 대답했다. 한편 파라놈비의 딸은 어린 하녀처럼 취급받으면서 자랐다. 이제 어른이 된 딸이 엄마가 감금된 동굴에 가서 말했다.

"엄마, 불쌍하셔라. 여기서 나와 이제 나와 함께 살아요."

파라놈비는 사랑하는 딸의 말을 듣고 어두운 동굴에서 나왔다. 그제야 안다모하미는 자신의 아내를 볼 수 있었다. 그런데 그는 체격과 외모가 너무 닮아 누가 엄마고 누가 딸인지를 구별할 수 없었다. 안다모하미는 주술사에게 찾아갔다. 눈이 멀어 아무것도 보지 못하는 주술사가 그에게 말했다.

"자네가 내 눈을 씻어줘야만 자네가 원하는 것을 내가 알려줄 수 있다네."

안다모하미는 그의 눈을 씻어주었다. 그러자 그가 말했다.

"그래 무엇을 원하는가?"

"내 아내가 임신한 후, 상어를 원해서 내가 잡으러 간 사이 딸을 낳았소. 이제 딸 아이가 커서 누가 엄마이고 딸인지를 구별할 수가 없다오. 이게 문제라오."

그의 말을 들은 주술사가 말했다.

"두 개의 레몬을 준비하게나. 익지 않은 녹색의 레몬과 익은 노란색의 레몬을 가지고 아내와 딸에게 던지게나. 그러면 엄마와 딸을 구별할 수 있을걸세."

안다모하미는 주술사의 조언대로 두 개의 레몬을 구해 두 여인에게 건네주었다. 그러자 한 여인이 말했다.

"엄마, 나는 익은 레몬이 좋으니 엄마가 가진 것을 나에게 주세요."

딸에게 익은 레몬을 주는 것을 본 안다모하미는 아내를 알아보고 그녀의 손을 잡았다. 그는 첫째 부인이 한 일을 전해 듣고 매우 화를 냈다. 그가 첫째 부인을 집에서 쫓아내자 그녀는 암컷 개로 변해버렸다.

라소안드라노볼라와 라소안드라노망가
··· 마로포치 부족 민담, 안들아메나 지역

  어느 마을에 '라소안드라노볼라'와 '라소안드라노망가'라는 두 소녀가 살았다. 라소안드라노볼라는 부잣집의 딸이었고 라소안드라노망가는 가난한 사람의 딸이었다. 매일 저녁이면 두 소녀는 마을의 입구에 같이 앉아있곤 했다.
  하루는 북쪽에서 온 족장이 그녀들에게 다가와 소안드라노망가에게 결혼을 신청했다. 그는 라소안드라노볼라는 쳐다보지도 않았다. 그러자 라소안드라노망가가 말했다.
  "나와의 결혼 생활은 쉽지 않을 거예요. 우리 집은 가난해서 지금도 누더기를 입고 찢어진 매트에서 생활하고 있습니다. 그리고 나는 이런 생활을 싫어하진 않거든요. 그런 나와 아직도 결혼하고 싶으세요?"
  "그렇군요. 알겠습니다. 당신과 함께 사는 것이 쉽지 않겠네요."
  이 말을 하고 그는 집으로 돌아갔다. 얼마 후, 남쪽에서 온 족장이 그녀들 곁으로 와서 말했다. 이 족장은 라소안드라노볼라에게 관심도 두지 않고 라소안드라노망가에게 결혼을 신청했다. 이번에도 그녀는 북쪽에서 온 족장에게 말한 것과 같은 말을 했다. 그 또한, 집으로 돌아갔다. 이후 사방에서 족장들이 다가와 결혼을 신청했고 모두 같은 대답을 듣고 자신들의 집으로 발걸음을 돌렸다. 마침내 중앙 지역의 족장이 찾아와 라소안드라노망가의 물음에 이렇게 대답했다.

"걱정하지 마시오. 내 집에는 많은 옷이 있다오. 누더기도 있고 찢어진 매트도 많다오."

"그렇지만 나는 걱정이 되네요. 내가 원하는 것을 들어주지 못할까 봐, 그리고 당신이 나를 사랑하지 않을까 두려워요. 나는 가난하고 아버지도 없습니다. 그 역할까지 해줄 수 있나요?"

"두려워할 필요 없어요. 내 아내가 되는 것만 생각하세요. 내가 당신의 아버지 역할까지 해줄게요."

이렇게 라소안드라노망가는 그의 아내가 되었다. 그는 아름다운 옷을 그녀에게 입혀 자신의 집으로 데려갔다. 행복한 결혼 생활을 보내고 있을 때, 남편이 5개월 동안 바닷가에서 머물 일이 생겼다. 남편이 집을 떠나 한참을 돌아오지 않자 라소안드라노볼라가 라소안드라노망가를 찾아와 말했다.

"라소안드라노망가, 여기 있지 말고 집으로 돌아가. 네 남편은 더는 너를 사랑하지 않아. 오히려 나를 아내로 삼기를 원한다니까."

"말도 안 돼. 남편에게서 그 말을 직접 내가 들어야 믿을 수 있겠어. 나는 여기를 떠나지 않을 거야."

이 말을 들은 라소안드라노볼라는 집으로 돌아가 엄마를 찾아가 말했다.

"엄마, 남편이 될 남자를 찾았어요. 그가 나에게 새털로 가득한 바구니를 가져다 달라고 했어요."

"걱정하지 말아라. 오늘 밤에 내가 새를 잡으러 나가마."

저녁이 되자 그녀는 수많은 새를 잡아서 그 깃털을 뽑아 바구니에 담았다. 바구니가 깃털로 가득 채워지자 하녀들이 그것을 라소안드라노볼라에게 전해주었다. 아침에 모녀는 바구니를 들고 라소안드라노망가의 집을 찾아가 말했다.

"너는 어째서 집으로 돌아가지 않니? 남편도 집에 없는데."

"아니요. 나는 여기 있을 거예요."

그러자 라소안드라노볼라가 그녀를 잡고 바닥에 자빠트렸다. 그리고 가져온 깃털을 그녀의 몸 전체에 꽂자 라소안드라노망가는 새로 변해 날아갔다. 이제 라소안드라노볼라는 그 집을 차지하고 살았다.

5개월의 시간이 흐르고 남편이 돌아왔다. 그는 라소안드라노볼라를 라소안드라노망가로 믿고 함께 살았다. 어느 날, 새로 변한 라소안드라노망가가 집 위를 날면서 소리쳤다.

"여보, 당신과 함께 사는 여자는 라소안드라노망가가 아니에요. 그 여자가 내 몸에 새의 깃털을 꽂아서 나를 새로 만들어버렸어요."

이 말을 들은 남편이 소리쳤다.

"아! 이 새가 지저귀는 소리, 참 아름답구나!"

하지만 라소안드라노망가가 원하는 것은 그런 감탄이 아니었다. 새는 수시로 지붕 위에 날라왔다. 남편이 아내에게 새에 대해 말하자 그녀는 이렇게 말했다.

"덫을 놓아 저 새를 잡아야겠어요."

결국, 새는 잡혔고 요리하기 위해 털을 뽑자 새가 라소안드라노망가로 변했다. 이를 본 그녀의 남편은 라소안드라노망가를 보고 어떻게 그녀가 새로 변했는지를 물었다. 그녀가 사정을 이야기했다.

"당신이 바다로 출발하자 라소안드라노볼라가 찾아왔어요. 그녀는 당신이 자신을 아내로 맞이하였다고 말하며 나보고 이 집에서 나가라고 했지요. 내가 원하지 않자 그녀는 나를 쓰러트리고 내 몸에 깃털을 꽂았어요. 그러자 내가 새로 변하고 말았어요."

그녀의 설명을 들은 남편은 화를 내며 라소안드라노망가를 정부인으로 삼았다. 그러자 그녀는 바구니에 양들의 머리와 라소안드라노볼라의 머리를 넣고 하인들을 데리고 그녀의 부모에게 갔다. 그녀는 문지기에게 이런 말을 전하라고 말했다.

"받으시오. 여기 당신들의 사위가 전하는 것이오."

그는 주인에게 찾아가 바구니를 열어 보이며 들은 대로 말했다. 라소안드라노볼라의 부모는 딸의 머리를 보고 울면서 바구니를 가져온 사람들에게 자신들의 딸이 왜 이렇게 되었는지를 물었다. 그러자 라소안드라노망가가 그들에게 새로 변한 자신이 행한 복수를 들려주었다. 라소안드라노볼라는 부모가 원했던 조상들이 있는 곳에 묻히지 못한 채 어디인가로 버려졌다. 이후 라소안드라노망가는 중앙 지역 족장의 아내가 되어 오래도록 같이 행복하게 살았다.

칼로와 파라바비

… 안탄카라나 부족 민담, 보에마르 지역

'칼로'와 '파라바비'라는 태어난 지 일주일 만에 부모에게 버려져 낯선 사람에게 거두어져 자랐다. 시간이 흘러 소녀 티를 벗은 두 여자는 족장이 사는 마을로 옮겨 살기로 했다. 길을 가던 중 두 사람이 커다란 돌을 발견하자 칼로가 소원을 빌었다.

"족장님과 결혼하고 싶어요. 그렇게 해주세요. 제가 족장의 부인이 되면 이곳에 와서 소를 제물로 바칠게요."

그리고 파라바비도 같은 소원을 빌었다.

두 여자가 족장의 마을에 도착하자 족장은 칼로를 부인으로 맞이했다. 반면에 파라바비는 원하지 않았던 가난한 남자와 결혼하게 되었다. 두 사람은 모두 여러 명의 자녀를 두었고 커다란 돌 앞에서 소를 잡아 고마움을 표했다.

그런데 파라바비의 가족은 매우 가난해서 먹을 것조차 부족했다. 어느 날, 그녀의 남편이 가족을 위해 먹을 것을 찾으러 나섰다. 파라바비는 굶주려 죽은 아이의 몸을 씻고 있었다. 그런데 작은 아이의 몸에서 흘러나온 물이 모두 은 조각으로 변했다. 깜짝 놀란 그녀는 남편을 급히 찾았다. 돌아와 이것을 본 남편은 매우 기뻐하며 아이들을 먹이고 돌보아줄 하인도 구했다. 부부는 큰 부자가 되었다.

안드리아마마킴포에트라

… 타나라 부족 민담, 파라팡가나 지역

'안드리아노니베'라는 남자가 젊은 여자와 결혼하고 곧 아이를 갖게 되었다. 그런데 아이는 엄마의 뱃속에서 이미 말을 했고 엄마의 배를 가르고 태어났다. 그리고 오두막 앞에 모인 사람들에게 말했다.

"나는 '자나하리' 신의 피조물이 아니다. 내 어머니가 나를 가졌을 때, 나는 이미 말을 할 수 있었고 스스로 세상에 나왔기 때문이다. 내가 나의 이름을 배꼽을 가르고 나온 사람이라는 뜻인 '안드리아마마킴포에트'로 지은 것도 그 때문이다."

이렇게 말한 그는 마을 사람들을 불러 자기에게 복종하라 명령하고 높은 산을 오르기 시작했다. 정상에 오른 그는 제물로 바친 소를 불에 올리라고 말했다. 짙은 검은 연기가 하늘로 치솟자 이 때문에 자나하리 신의 아들은 눈이 멀었다. 자나하리 신은 이유를 알아보기 위해 이파판고베마보라는 사자를 보냈다. 안드리아마마킴포에트라에게 다가온 사자는 자나하리 신을 대신해 가능한 한 빨리 불을 끄라고 명령했다. 그러나 사자의 말을 거절하며 안드리아마마킴포에트라가 말했다.

"당신의 주인에게 가서 말씀하시오. 나는 그의 명령을 따르는 자가 아니기에 이 불을 끄지 않을 것이오. 나는 어머니의 배꼽에서 나온 사람이고 내 이름은 안드리아마마킴포에트라라고 하오. 자나하리 신이 나를 과연 본 적이 있을지 궁금하외다."

"알았소. 당신의 말을 신에게 전달하리다."

그는 안드리아마마킴포에트라를 떠나 하늘로 올라가 자나하리 신에게 그가 말한 것을 모두 전했다. 신은 매우 화를 내며 다시 한번 사자를 보냈다. 신은 '이파판고베마보'에게 소의 굵은 뼈를 소로 만들어보라며 들려 보냈다. 활활 타오르는 불 옆에 도착한 사자가 말했다.

"안드리아마마킴포에트라여! 당신이 어머니의 배를 가르고 나왔다고 주장하며 자나하리 신의 피조물이 아니라는 것이 사실이라면, 여기 소뼈를 살아 있는 소로 바꿔보시오."

"그 정도는 내게 일도 아니라오."

안드리아마마킴포에트라는 사자가 가져온 뼈를 받아 솥에 넣고 오디를 넣은 다음 밥을 지었다. 물이 끓기 시작하자 뼈는 작은 송아지로 변했고, 밥이 지어지자 송아지는 큰 황소가 되어 크게 울었다. 신의 사자는 이 모든 것을 보고 자나하리 신에게 돌아갔다. 소식을 들은 자나하리 신은 더욱 화를 내며 사자에게 닭 뼈와 바나나 잎을 들려 보내며 이것들을 닭과 바나나 나무로 바꿔보라고 전했다.

이번에도 안드리아마마킴포에트라는 오디를 넣은 밥을 다시 지었다. 밥에 거품이 일어나자 닭 뼈는 병아리가 되고 잎사귀는 바나나 나무가 되었다. 그리고 밥이 완성되자 병아리는 커다란 수탉으로 바나나 나무에는 잘 익은 바나나 나무로 변화되었다. 이를 본 자나하리 신의 사자는 급하게 하늘로 날아갔다.

자나하리 신은 전해 들은 소식에 놀라고 당황해서 어쩔 줄 몰라 했다. 잠시 생각을 정리한 자나하리 신은 사자에게 황금으로 된 지팡이를 건네주고 안드리아마마킴포에트라에게 지팡이의 위와 아래가 무엇인지 물어보라고 시켰다. 지팡이는 전체가 같은 굵기를 지녔다. 사자가 건네준 지팡이를 받은 안드리아마마킴포에트라는 그것을 공중에 던져보고 양쪽 끝을 확인하더니 그 차이를 어렵게 알아냈다.

더는 물건을 가지고 시험을 할 수 없었던 자나하리 신이 이번에는 직접 안드리아마마킴포에트라를 보러 하늘을 떠났다. 신이 땅에 도달할 즈음, 마을은 갑자기 매우 어두워져서 사람들은 한낮임에도 아무것도 볼 수가 없었다. 또한, 큰 번개와 무서운 천둥이 쳐서 모두를 공포에 빠트렸다. 이 가운데 오직 안드리아마마킴포에트라만이 아무것도 두려워하지 않았고 오히려 기뻐했다. 그는 자신의 오두막에서 나와 위협적인 공포에 맞섰다. 손에 오디를 쥐고서 사방을 돌아본 그는 하늘을 향해 소리쳤다.

"오! 자나하리여. 땅으로 강림하소서. 이것이 당신의 의지라면 이 마을의 사람들에게서 두려움을 거둬가 주소서."

그러자 자나하리 신은 안드리아마마킴포에트라의 오두막 앞으로 내려와 그에게 말했다.

"네가 원한다면 이곳에서 아주 먼 곳으로 함께 가자. 네가 나의 피조물이 아니라고 주장하니 어디 한번 나와 기교와 능력을 겨뤄 보자."

"기꺼이 따르겠습니다."

이렇게 둘은 누가 우월한지를 겨루는 시합을 위해 출발했다. 출발한 지 얼마 후, 자나하리가 멀리 앞으로 나아갔다. 신이 시야에서 사라지자 그 공간은 샘물이 솟고 그 가장자리에는 수많은 과일이 열린 나무가 가득한 곳으로 변했다. 지나가는 사람들은 샘물을 마시고 즙이 흐르는 과일을 맛보며 시원한 그늘에서 휴식을 취하러 이곳을 찾았다. 안드리아마마킴포에트라도 갈증을 달래기 위해 샘에 가까이 갔을 때, 그 공간이 자나하리가 만들어 놓은 곳임을 알아차리고 말했다.

"이제 나타나십시오. 자나하리여. 어서 갑시다. 겨루기를 계속해야지요. 나는 이곳에서 당신이 만든 물과 과일을 먹지 않을 것입니다."

이번에는 안드리아마마킴포에트라가 앞서 나아갔다. 그가 멀리 사라짐과 동시에 레몬이 가득 열린 야생 레몬 나무가 생겼다. 이 나무를 본 자나하리는 레몬을 따려고 하자 나무가 안드리아마마킴포에트라로 변했다. 자나하리가 말했다.

"자. 이제 다시 출발하자. 내 앞에서 숨을 생각을 하지 말아라. 나는 레몬 나무가 네가 변한 것임을 알고 있었느니라."

다시 앞으로 나선 자나하리 신이 멀리 사라지자 넓은 평원이 나타났다. 수많은 사람이 평생을 경작해야 나올 양의 곡식이 자라고 있었고 수많은 소 떼와 암탉, 레몬 나무가 자라고 있었다. 하지만 안드리아마마킴포에트라는 이 모습이 모두 자나하리 신의 작품임을 인식했다. 그래서 그는 넓은 마을을 만들고 아름다운 여인들과 부유한 사람들로 가득한 수많은 오두막을 지었다. 이곳에서 자나하리신은 안드리아마마킴포에트라를 찾으려 했으나 성공하지 못했다.

한 달여의 시간이 지나자 자나하리는 아름다운 마을에 도착했다. 그는 그곳에 머무는 동안 한 여인을 아내로 맞이했다. 그리고 얼마 후, 이 여인은 아이를 잉태했다. 그녀는 입덧의 영향으로 쥐를 먹고 싶어 했다. 여인은 남편에게 쥐를 잡아달라고 요청했고, 남편은 고양이로 변신해 잠깐만에 몇 마리의 쥐를 잡아 아내에게 가져다주었다. 아내는 쥐를 불에 구워 털을 태우고 조각으로 잘라 요리했다. 하지만 그녀는 이 요리를 먹지 않고 자나하리에게 먹게 했다.

몇 달 후, 그녀는 아이를 낳았다. 자나하리는 매우 기뻐했으나, 갓 태어난 아기가 이렇게 말했다.

"나는 '파니히'라고 해요. 그런데 나는 자나하리의 아들이 아니에요. 내가 바로 당신이 그토록 찾으려 했으나 실패한 아마마킴포에트라이기 때문입니다."

아기는 일어나 걷기 시작했고 자나하리를 비웃으며 다시 말을 이었다.

"내가 당신에게 쥐를 먹도록 했지요. 이 정도면 내가 당신의 피조물이 아니라는 것이 증명된 것 아닐까요?"

그러자 당황한 자나하리 신은 슬퍼하며 하늘로 돌아갔다. 그러나 자나하리는 계속해서 아마마킴포에트라를 원망했다. 그래서 오늘날에도 자나하리가 화가 나면 천둥을 치며 비를 내리게 하는데, 이는 신이 아마마킴포에트라에게 화를 내고 있다는 신호이다. 또한 아마마킴포에트라와 같은 시대를 살았던 사람들은 번개를 피하는 부적을 모두 지닐 수 있었는데, 이것은 아마마킴포에트라가 자신의 후손을 보호하기 위함이라고 전해진다.

소아미리리오로나

··· 베치미사라카 부족 민담, 안데보란토 지역

'소아미리리오로나'는 많은 사람이 구애했음에도 모두 거절했다. 그런데 한 동물이 그녀를 찾아와 결혼을 요청했다. 화려한 옷을 입고 찾아온 그의 모습에 매혹된 소아미리리오로나는 그와 결혼하기로 했다. 결혼식이 끝났지만 동물은 신방에 들어가려 하지 않았다. 소아미리리오로나는 혼자 들어가야 했다. 밖에 있는 남편이 그녀에게 물었다.

"그곳에 구멍이 있소? 나에게 보여줘 보구려."

"자, 보세요."

동물 남편은 그 구멍을 막아버리고 다시 물었다.

"더는 없소?"

"네, 없네요."

그는 소아미리리오로나가 있는 오두막을 흙으로 덮고 떠났다. 가엾은 소아미리리오로나는 어두운 방에 혼자 남게 되었다. 그러나 음식을 전해주는 작은 구멍이 하나 남아있었다. 많은 사람들이 구멍 밖에서 밥을 지었다. 그 냄새를 맡은 소아미리리오로나가 소리쳤다.

"나는 소아미리리오로나라고 해요. 거기 있는 사람이 엄마인가요? 내 여동생을 아시나요? 내가 이곳에 갇혀 있다는 것을 알려주세요."

이 말을 들은 사람들은 겁에 질려 도망쳤다. 잠시 뒤, 다른 사람들이 와서 밥이 익는 것을 보자 말했다.

"이 밥에 누군가 독을 넣었을 수 있을지 모르니 우리는 다시 밥을 하자."

밥이 거의 다 익을 무렵, 소아미리리오로나가 그 냄새를 맡고 다시 소리쳤다.

"나는 소아미리리오로나라고 해요. 거기 있는 사람이 엄마인가요? 내 여동생을 아시나요? 내가 이곳에 갇혀 있다는 것을 알려주세요."

갑자기 들려온 소리에 이 사람들도 겁에 질려 도망치고 말았다. 그들이 사라진 후, 늙은 여인과 일행이 도착하여 다 된 밥을 보고 말했다.

"밥이 다 익었는데도 이렇게 놔두었으니, 참 누가 했는지는 몰라도 바보로구나. 우리는 다시 밥을 하지 말고 이 밥을 먹자꾸나."

"안돼요. 이 밥은 버려요. 누가 이 밥에 독을 넣었을지도 모르잖아요."

일행은 밥을 버리고 쌀을 씻어 밥을 할 준비를 했다. 밥이 익어가자 소아미리리오로나가 소리쳤다.

"나는 소아미리리오로나라고 해요. 거기 있는 사람이 엄마인가요? 내 여동생을 아시나요? 내가 이곳에 갇혀 있다는 것을 알려주세요."

할머니의 일행은 이 소리에 놀라 겁을 먹고 도망가고 싶었지만, 할머니가 그들에게 말했다.

"기다려봐라. 이 소리를 잘 들어보자꾸나. 소아미리리오로나라는 사람이 말하는 것 같은데 말이다."

그녀들은 소아미리리오로나가 하는 말을 다시 들었다.

"나는 소아미리리오로나라고 해요. 거기 있는 사람이 엄마인가요? 내 여동생을 아시나요? 내가 이곳에 갇혀 있다는 것을 알려주세요."

소아미리리오로나의 목소리를 알아들은 일행은 그녀의 어머니에게 가서 사실을 말해주었다. 소아미리리오로나의 엄마는 매우 기뻐하며 말했다.

"내 딸이 아직 살아 있다고요? 어서 나를 그곳에 데려다주세요."

사람들이 땅을 파내고 거의 죽어가는 소아미리리오로나를 꺼냈다. 가족이 그녀를 세심하게 돌보았지만, 너무 오랫동안 지하에 갇혀 있던 소아미리리오로나는 건강을 회복하지 못하고 죽고 말았다.

라소아노로망가와 텔로보하로고시
… 안탄카라나 부족 민담, 보에하르 지역

다른 마을로 여행을 가던 두 소녀가 큰 강 앞에서 멈췄다. 그녀들이 가려는 마을은 강 건너편에 있었다. 물을 보자 그녀들은 우선 목욕을 하기로 했다. 물속에 있는 동안 큰 뱀장어가 남자로 변해 소녀들에게 다가가 말했다.

"너희는 강 건너편으로 가고 싶니?"

"아니. 강이 너무 깊어서 못가."

"내가 너희들을 등에 업어서 데려다줄까?"

그 말을 들은 소녀들은 그렇게 하기로 하고 먼저 '라소아노로망가'가 뱀장어 남자의 어깨 위에 올라탔다. 강 한가운데 이르자 남자는 조금씩 물속으로 가라앉기 시작했다. 발이 물에 젖는 것을 느낀 소녀는 겁을 냈다. 하지만 뱀장어 남자는 더 깊은 곳을 찾아갔고 물은 점차 라소아노로망가의 발에서 무릎과 가슴으로 그리고 목까지 차올랐다. 그녀는 비명을 질렀으나 뱀장어 남자는 개의치 않고 물속으로 사라졌다. 이 광경을 본 '텔로보하로고시'는 겁에 질려 울었다. 그녀는 주변에 있는 나무를 향해 부탁했다.

"나무야, 튼튼한 나무야! 네가 내 부모님의 가호를 받았다면 쑥쑥 커다오."

그러자 나무가 높게 자랐다. 텔로보하로고시는 높이 솟은 나무에 올라갔다. 새들이 나무 곁으로 날아가자 그녀는 부모에게 전할 말을 부탁하기 위해 새를 불렀다. 먼저 참새가 다가왔다.

"참새야, 귀여운 참새야. 부모님께 내 말을 전해주겠니?"

"싫어. 네 말을 전해줄 수 없어. 내가 너의 논에 다가갈 때마다 너는 '저기 못된 참새가 왔네. 못된 참새가 왔어'라고 하면서 나에게 소리쳤잖아."

참새가 날아가 버리자 그녀는 뱁새에게 부탁했다.

"뱁새야, 귀여운 뱁새야. 부모님께 내 말을 전해주겠니?"

"싫어. 네 말을 전해줄 수 없어. 내가 추수한 볏단에 다가갈 때마다 너는 '저기 못된 뱁새가 왔네. 못된 뱁새가 왔어'라고 하면서 나에게 소리쳤잖아."

그 후로도 텔로보하로고시가 많은 새에게 부탁했으나 그 어떤 새도 그녀의 소식을 전달하는 것을 거절했다. 마지막으로 나무 위로 제비가 날아가다 소녀의 소리를 듣고 다가왔다. 그녀가 제비에게 말했다.

"제비야, 멋진 제비야. 부모님께 내 말을 전해주겠니? 그러면 네게 좋은 선물을 줄게. 부모님에게 라소아노로망가가 뱀장어에게 잡아 먹혔다고 전해주렴. 그리고 텔로보하로고시, 나는 이 나무 위에서 배가 고파 죽어간다고 전해줘."

제비는 날아가다 사람들이 모여 일하는 것을 보고 그 위로 날면서 소리쳤다.

"라소아노로망가의 부모는 어디 있나요? 딸이 뱀장어에게 잡아

먹혔대요. 그리고 텔로보하로고시는 나무 위에서 배고픔에 죽어 간다고 해요."

일하는 사람들을 감시하던 논의 주인이 새에게 말했다.

"라소아노로망가의 부모는 여기 없다. 안되었지만 어쩔 수 없 구나. 사람의 운명이란 것은 부서진 항아리 조각과 같지 않더냐. 누구는 북쪽에서 태어나고 누구는 남쪽에서 사는 것처럼 말이다. 죽고 사는 것은 다 자신의 몫이란다."

제비는 더 멀리 날아가다 사람이 보이면 라소아노로망가의 부모가 어디 있느냐고 물었다. 그런데 바닐라 나무가 보이면 멈추라고 했던 텔로보하로고시의 말을 떠올리며 그 나무 근처에 있는 집으로 들어가 마침내 라소아노로망가의 부모를 찾았다. 그리고 그들에게 말했다.

"당신들의 딸이 뱀장어에게 잡아먹혔대요. 몸이 세 조각으로 잘려서 말이죠. 그리고 친구인 텔로보하로고시는 나무 위에서 배고픔에 죽어가고 있어요."

이 소식을 듣고 라소아노로망가의 부모는 슬퍼하며 눈물을 흘렸다. 제비는 계속해서 말했다.

"텔로보하로고시가 나에게 뱀장어가 라소아노로망가를 잡아먹은 강둑으로 소를 데려오라 말했어요."

제비는 라소아노로망가의 부모를 그녀가 잡아먹힌 곳으로 안내했다. 강둑에 도착하자 사람들은 뱀장어를 잡기 위해 소를 잡아 조각을 내었다. 텔로보하로고시의 부모는 딸이 있는 나무로 다가

갔다. 그리고 딸을 내려오게 하는 사람을 사위로 삼겠다고 말했다. 즉시 한 남자가 나무에 올라가 소녀들 등에 업고 내려왔다. 땅에 내려오자 텔로보하로고시가 말했다.

"이곳에서 우리가 목욕했어요. 라소아노로망가를 커다란 뱀장어가 잡아갔지요. 그리고 여기서 그녀가 사라졌고요."

사람들은 카누를 타고 그곳에 소고기 조각을 단 미끼를 물에 던졌다. 아침이 되자 뱀장어가 미끼를 물고 잡혔다. 사람들은 뱀장어를 강변으로 끌어내어 죽이고 배를 열었다. 배 속에 세 조각으로 잘린 라소아노로망가가 있었다. 사람들이 뱀장어 기름을 사용하여 그녀를 다시 붙이자 라소아노로망가는 되살아났다. 이를 본 모두가 기뻐하며 그녀를 데리고 마을로 돌아갔다. 두 소녀의 부모는 몇 마리의 소를 잡아 큰 잔치를 열어 마을 사람들과 술과 함께 먹고 마셨다. 물론 두 딸의 소식을 전해준 제비에게 보상으로 큰 씨앗이 가득한 주머니를 주는 것을 잊지 않았다. 이로부터 제비는 징조를 알려주는 새가 되었다.

소아파라

··· 베치미사라카 부족 민담, 일라카 지역

한 여자가 큰딸에게 동생들을 맡기고 잎을 따러 나갔다. 어머니가 없는 동안 그녀가 동생들을 먹이고 지켜야 했다. 동생 중에 소아파라라는 막내가 있었다. 막내는 엄마와 떨어지고 싶지 않아서 점심을 먹은 후에 바로 집에서 나가 엄마를 쫓아갔다. 그런데 마을의 서쪽에는 개울이 있었고, 악어가 이곳에 자주 나타나곤 했다. 그날도 악어 한 마리가 햇볕을 쬐기 위해 개울가에 나왔다가 소아파라를 보고 그녀를 가엾이 여기며 말했다.

"얘야. 내 등에 올라타렴. 내가 개울 건너편에 데려다주마."

아직 어렸던 '소아파라'는 악어의 속셈도 모른 채 그 등에 올라탔다. 악어는 처음에는 아주 부드럽게 소녀를 등에 업고 다녔으나 점차 물속으로 조금씩 가라앉았다. 소아파라의 발이 물에 잠기자 그녀는 이런 노래를 흥얼거렸다.

"아! 어쩌면 좋아, 어쩌면 좋아요!
발이 물에 젖었어요."

그녀의 노래에 악어가 대답했다.

"젖지 않게 될 거란다."

이제 소아파라의 다리가 물에 닿자 그녀가 이렇게 노래했다.

"아! 어쩌면 좋아, 어쩌면 좋아요!
다리가 물에 젖었어요."

"젖지 않게 될 거란다."

물이 깊어지면서 그녀의 허벅지까지 물에 젖자 그녀가 이렇게 노래했다.

"아! 어쩌면 좋아, 어쩌면 좋아요!

허벅지가 물에 젖었어요."

"젖지 않게 될 거란다."

곧이어 그녀의 배까지 물이 차오르자 그녀가 노래했다.

"아! 어쩌면 좋아, 어쩌면 좋아요!

배가 물에 젖었어요."

"젖지 않게 될 거란다."

이제 그녀의 가슴까지 물이 차올랐다. 그녀는 계속 노래했다.

"아! 어쩌면 좋아, 어쩌면 좋아요!

가슴이 물에 젖었어요."

"젖지 않게 될 거란다."

그녀의 어깨로 물이 차오르자 그녀가 이렇게 노래했다.

"아! 어쩌면 좋아, 어쩌면 좋아요!

어깨가 물에 젖었어요."

"젖지 않게 될 거란다."

이제 물은 그녀의 목까지 닿았다.

"아! 어쩌면 좋아, 어쩌면 좋아요!

목까지 물에 젖었어요."

소아파라가 마지막 말을 겨우 뱉었을 때, 그녀는 물속으로 완전히 잠겨버렸고 악어는 그녀를 잡아 구덩이 속으로 끌고 갔다.

그런데 악어가 사는 곳은 물이 아니라 마른 땅이었다. 물속에 잠겼을 때 소아파라는 정신을 잃어버렸고 악어는 그녀가 이미 죽었다고 생각했다. 악어는 그녀를 잡아먹을 때 그녀의 부모를 초청할 생각으로 길을 나섰다. 출발하기 전에 악어는 자신의 집에 있는 모든 문을 다 닫아 아무도 그곳에 들어오지 못하게 만들었다. 어린 소녀가 정신을 되찾았을 때, 그녀는 자신이 악어의 구덩이에 갇혔다는 것을 알아차렸다. 소아파라는 머리 위로 땅을 파기 시작했고 시간이 지나자 어느 정도는 안전한 곳에 도착했다. 사람 냄새가 나는 것을 알고 다른 악어들이 그녀가 갇혔던 장소에 왔으나 그곳이 비어 있음을 발견하고 화를 내고 가버렸다. 악어의 구덩이 근처에 남겨진 소아파라는 지나가는 새소리를 들었다. 나무 위에서 노래하는 앵무새의 노래를 들은 그녀는 새에게 부탁했다.

"아! 새야, 예쁜 새야! 아빠와 엄마에게 소아파라가 악어에게 잡혔다고 전해줄래."

"싫어. 내가 암탉을 가져가려 할 때 나에게 야단을 친 것이 기억나지 않니? 나는 네가 죽어도 관심 없어. 너희 부모에게 알려주긴 싫어."

앵무새가 날아가고 사향고양이가 왔다. 소아파라가 고양이에게 부탁했다.

"아! 고양이야, 날씬한 고양이야! 아빠와 엄마에게 소아파라가 악어에게 잡혔다고 전해줄래."

"싫어. 너는 여기서 기다리다 눈물을 흘려야 해. 내 머리가 못생겼다고 말하며 놀린 게 너 아니니? 네 소식을 부모에게 전해주라고, 어림도 없지."

이번에는 펠리컨이 지나갔다.

"아! 펠리컨아, 씩씩한 펠리컨아! 아빠와 엄마에게 소아파라가 악어에게 잡혔다고 전해줄래."

"절대 안 해. 내가 두꺼운 입술과 긴 부리를 가지고 있다고 놀리던 사실을 나는 잊지 않았지. 너의 부모에게 네 소식을 전하라고? 말도 안 되지."

지나가던 참새가 곁에 앉자 그녀가 말했다.

"아! 참새야, 날씬한 참새야! 아빠와 엄마에게 소아파라가 악어에게 잡혔다고 전해줄래."

"내가 가서 말해도 아무도 안 듣겠지만 너희 집에 가서 네 소식을 전해줄게."

참새가 출발해서 곧 소아파라의 마을에 도착했다. 그때는 마을 사람들이 소아파라를 찾으려 모이고 있었다. 이를 본 참새가 노래했다.

"저쪽에 한 소녀가 있어요.

소아파라가 악어에게 잡혀갔어요."

참새는 열 번이나 같은 말을 외쳤지만, 아무도 그 소리에 주의하지 않았다. 단지 소아파라의 부모와 오빠만이 참새를 따라갔다. 가족들은 악어의 주의를 돌릴 소를 몰고 소아파라가 묻힌 곳으로 갔다.

"여기에 한 소녀가 있어요.

"소아파라가 땅속에 있어요."

참새가 날기를 멈추고 한 곳에서 빙빙 돌자 가족들은 땅을 파고 구덩이에서 소아파라를 끌어냈다. 그녀를 씻기고 아름다운 옷을 입혔다. 그리고 그녀의 소식을 전해준 참새에게 무엇이든 원하는 것을 말하라고 말했다. 참새가 그들에게 말했다.

"나는 하나만 원해요. 그것은 살아 있는 것이에요."

이때부터 참새를 죽이면 안 된다는 말이 전해졌다.

이해할 수 없는 도주

 한 부부가 두 아이를 가졌는데, 한 명은 몸을 움직이지 못했고 다른 한 명은 앞을 보지 못했다. 몸이 불편해서 쓸모가 없는 아이들을 키울 이유가 없었던 아버지는 아이들을 숲으로 데려가 버리고 돌아왔다. 몸이 마비된 아이는 현명했고 눈이 먼 아이는 신중했다. 서로가 이렇게 말했다.
 "여기 있으면 안 돼. 먹을 것을 찾아보자."
 눈이 먼 아이가 몸이 마비된 아이를 업고 물었다.
 "아무것도 안 보이는 것은 아니겠지?"
 "아냐. 보여. 저 멀리 마을이 있는걸."
 두 아이가 걸어가는 것은 너무 고통스러운 일이었다. 눈이 먼 아이가 발밑에 무엇인가를 느끼고 갑자기 걸음을 멈추자 업혀있던 아이가 말했다.
 "은전이 떨어져 있어."
 그러자 눈먼 아이가 말했다.
 "주워 가자. 필요할 데가 있을 거야."
 좀 더 길을 가다가 눈먼 아이가 쇠뿔과 조개 모양의 돌과 기다란 쇠몽둥이 밟고는 물었다.
 "내가 밟은 게 뭐니?"
 "쇠뿔과 조개 모양의 돌 그리고 기다란 막대기야."

"그것도 주워 가자. 언젠가 필요하게 될 거야."

아이들은 계속해서 걸어갔다. 눈먼 아이는 걷는 데 지쳤고, 마비된 아이는 배가 고팠다. 눈먼 아이가 물었다.

"아무것도 보이지 않니?"

"아냐. 보여. 저 멀리 마을이 있어."

그래서 그들은 다시 걸음을 옮겼다.

마을은 주변을 온통 폐허로 만드는 유명한 오거인 '파나니'가 사는 곳이었다. 늙은 여인이 문 근처에 앉아 있었다. 그녀는 두 아이가 다가오는 것을 보고 있었다.

"아! 얘들아, 어서 도망치거라. 파나니가 곧 돌아올 거란다. 너희를 보면 잡아먹을 거라고."

마비된 아이와 눈먼 아이, 둘은 여인에게 문을 열어달라고 부탁하고 모두 함께 오거 파나니 집에 들어갔다.

오거가 집에 도착해서 문을 두드렸다. 마비된 아이가 그를 발견하고 눈먼 아이에게 알려 주었다. 문이 안 열리자 오거가 다시 말했다.

"누가 네 집에 있는 것이지?"

눈먼 아이가 대답했다.

"나예요."

"집에서 나와라. 안 그러면 죽을 줄 알아라."

"하하하, 싫거든요. 여기서 안 나갈 거예요."

"지금 네가 나를 놀리는 것이냐? 널 죽이고 말 테다."

"그러시든가요. 어서 나를 죽여보세요. 하하하."

화가 난 오거는 문을 세게 두드리며 다시 말했다.

"숨지만 말고 집에서 빨리 나와라."

그러자 눈먼 아이는 길에서 주워 온 딱딱한 조개 모양의 돌을 건네주며 말했다.

"자, 이게 내 귀예요."

그리고 쇠뿔을 건네주면서는 자신의 이빨이라고 덧붙였다. 마지막으로 불로 달구어 놓은 기다란 쇠몽둥이를 주면서는 자신의 손이라고 말했다.

오거는 이제 겁을 먹었다. 그는 자신에게 이렇게 말했다.

"이거 도망치는 게 좋겠는걸."

그리고 쥐처럼 소리도 내지 않고 도망쳐서 다시는 돌아오지 않았다. 늙은 여인에게 이끌려서 두 아이는 자신들이 떠난 마을로 돌아가 부모와 다시 만났다. 다행히 부모는 아이들을 반갑게 맞아 주었다. 왜냐하면, 아이들이 오거 파나니가 모아 둔 금은보화를 모두 가져왔기 때문이었다.

마다가스카르의 민담 I

초판인쇄	2022년 8월 26일
초판발행	2022년 8월 30일
편 역	김기국 박동호 윤재학
펴 낸 이	홍명희
펴 낸 곳	아딘크라
주 소	경기도 용인시 기흥구 탑실로 152
	대주피오레 2단지 202-1602
전 화	031)201-5310
등록번호	2017.12. 제2017-000096호
인 쇄 처	**진흥인쇄렌드** 02)812-3694

ISBN 979-11-89453-14-5 93890

값 15,000원

ⓒ 2022

이 도서의 국립중앙도서관 출판예정도서목록(CIP)은 서지정보유통지원시스템 홈페이지(http://seoji.nl.go.kr)와 국가
자료공동목록시스템(http://www.nl.go.kr/kolisnet)에서 이용하실 수 있습니다.(CIP제어번호: CIP2018037925)